Faszination Garten

Joan Clifton

Faszination Garten

300 neue Ideen zum Dekorieren und Selbermachen

Fotos von Jo Whitworth

Callwey

Danksagung der Autorin

Ich möchte all den Gartenbesitzern und Designern, die zu diesem Buch beigetragen haben, für ihre Großzügigkeit, Gastfreundschaft, Zeit und Kooperation danken und dafür, dass sie uns ihren Privatbereich zugänglich machten. Ihre Schöpfungen sind ein Spiegel ihrer Energie und Kreativität.
Meine Bewunderung und mein Dank gelten all jenen, die zu dem Buch mit Projekten beitrugen und sämtliche Register zogen, um solch originelle und beflügelnde Gartenelemente zu entwerfen und auszuführen.
Jo Whitworth schulde ich endlosen Dank für ihre herrlichen Fotografien, ihre innige Liebe zum Detail und ihr Durchhaltevermögen auf langen und bisweilen ungemütlichen Exkursionen ins englische Wetter.
Meine Dankbarkeit gilt Caroline Davison für ihre Energie, ihre beharrliche Unterstützung und Geduld und ihre unbeirrbare Fähigkeit zur Koordination.
Auch meiner Familie und meinen Freunden danke ich für ihre Rücksichtnahme auf meine zeitweise geistige oder physische Abwesenheit, und ganz besonders John Raffin für seinen unbegrenzten Humor und seine Unterstützung.

Die Originalausgabe erschien unter dem Titel „Garden elements – a source book of decorative ideas to transform the garden“ © 2000 im Verlag Anness Publishing Ltd., Hermes House 88-89 Blackfriars Road, GB-London SE1 8HA

Verlag Georg D.W. Callwey, Streitfeldstraße 35, D-81673 München
http://www.callwey.de
e-mail: buch@callwey.de

Die Deutsche Bibliothek – CIP-Einheitsaufnahme
Ein Titeldatensatz für diese Publikation ist bei Der Deutschen Bibliothek erhältlich.

ISBN 3-7667-1468-6

Druck und Bindung: Star Standard Industries Pte. Ltd., Singapur

Seite 1: Wasserfass mit neckischer Skulptur;
Seite 2: Figürliche Metallskulptur;
Seite 3: Formale Treppenflucht (oben links); Knabenstatue, von Feuerdorn *(Pyracantha)* umrahmt (oben Mitte); Formgeschnittene Eiben (oben rechts); Teich mit Holzumrandung (unten links); Brücke im orientalischen Stil (unten Mitte); Abstrakte Steinskulptur (unten rechts);
Seite 4: Verwitterte Sonnenuhr;
Seite 5: Dekorativer Metall-Obelisk (oben); in Wildwuchs gebettet (unten)

INHALT

Einführung

Stellen Sie sich einen Garten als ein Theater ganz besonderer Art vor. Bäume und Sträucher und daneben Mauern, Zäune und Pflasterungen stellen das Bühnenbild dar, kleinere Pflanzen fungieren als Schauspieler, Möbel und andere Besonderheiten sind die Requisiten.

Im Garten findet ein Zusammenspiel von Pflanzen mit unbelebten Objekten und Formen statt. Auch eine reine Pflanzenkollektion stellt eine Kombination von Form, Textur und Farbe dar, die alle um Beachtung wetteifern. Die Gestalt der Pflanzen verändert sich mit den Jahreszeiten: Sie wachsen, sie bringen Blüten, Früchte und Samen hervor, schließlich färben sich die Blätter bunt und fallen ab. Stauden sterben im Winter bis auf den Boden ab, das Gerüst Laub tragender Bäume und Sträucher bleibt während des ganzen Jahres erhalten, Immergrüne dagegen bilden eine unveränderliche Konstante.

Soll sich ein Garten von seiner besten Seite zeigen, ist für die Bepflanzung ein Bezugspunkt nötig, der ihre Vorzüge zur Geltung bringt. Wer einen optisch eindrucksvollen Garten konzipieren möchte, der den Geist stimuliert, Ambiente oder Flair verbreitet oder gar einen Sinn für Humor beweist, muss unterstützende Elemente einbeziehen. Ein solcher Garten hat Struktur und Form; in ihm spiegeln sich die Natur und die Architektur seiner Umgebung, und er enthält Elemente, die ihm während des ganzen Jahres einen eigenen Charakter und Interesse verleihen.

Dieses Buch untersucht die strukturierenden und dekorativen Elemente, die den Rahmen und die Bezugspunkte eines Gartens bilden. Es geleitet durch die Grundlagen von Form, Gestalt und Muster, um danach den sinnlichen Charakter von Farbe, Textur und Klang im Kontext internationaler Stilrichtungen, modern wie klassisch, zu erforschen. Wir betrachten große formale Gärten unter dem Gesichtspunkt, Traditionen neu zu adaptieren; wir reisen bis ans Mittelmeer, wo ein zwangloser Stil den aktuellen Geschmack spiegelt; der naturalistische Ansatz japanischer Gartentradition eröffnet eine Verbindung mit brandaktuellen elementaren und organisch geprägten Sichtweisen für das 21. Jahrhundert. Vom rosengedeckten Refugium auf dem Lande bis zur rauen Atlantikküste finden Sie eine Fülle an Ideen zur Inspiration in Ihrem eigenen Garten!

Im Weiteren erforschen wir die geläufigen Grundelemente, welche sich für die ganze Bandbreite unterschiedlicher Gartenstile eignen. Vielfältige Aspekte des Landschaftsbaus, darunter Pflasterungen, Stufen, Brücken und Bodenplatten, werden in ihrem jeweiligen Kontext betrachtet, und die Eignung der verschiedenen Materialien für die unterschiedlichen Anwendungen wird diskutiert. In formalen bis hin zu bizarren Installationen wird eine Vielzahl von Möglichkeiten aufgezeigt, wie sich Wasser in den Garten integrieren lässt. Mobiliar und Pflanzgefäße unterschiedlicher Stilrichtungen geben in ihrem Kontext Anregungen für unverwechselbare Sitzplätze.

Mit den Werken talentierter Künstler wollen wir Ihr Interesse an moderner Plastik wecken, und eine Sammlung von Projekten, von einfachem Bemalen bis hin zu anspruchsvolleren Tischlerarbeiten, soll unsere Leser inspirieren, sich an eigenen Kreationen zu versuchen.

Oben
Bodenfliesen und Stufen aus Terrakotta bilden in diesem Innenhof eine zurückhaltende Kulisse für ausgewachsene Palmen, Oliven und Bananen.

Oben links
Bunte Staudenbeete und ein überwuchertes Stein-Cottage sind der Inbegriff des Charmes eines romantischen Gartens. Das vibrierende Farbschema kombiniert die Rottöne von Sonnenbraut *Helenium* 'Moerheim Beauty' mit denen der Feuerlilie *(Lilium bulbiferum)*.

Unten rechts
Zu Kugeln modelliertes grünes Heiligenkraut *(Santolina)* steht hier in außergewöhnlicher Anordnung; im Hintergrund wird diese Form durch die hochstämmigen Baumkugeln nochmals aufgenommen.

Gegenüber
In heißem, sonnigem Klima ist eine Pergola ein willkommener Schattenspender, der gleichzeitig vielfältigen fruchttragenden und blühenden Kletterpflanzen als Stütze dient.

Form und Gestalt

Pflanzen, bleibende Einrichtungen und andere dekorative Gestaltungselemente verleihen einem Garten Gewicht. Das Zusammenfügen dieser Elemente zu einer Einheit entscheidet über die Ausgewogenheit und den Charakter des Gartens.

Die äußere Gestalt eines Objekts ist durch seine Linienführung bestimmt. unser Gehirn reagiert auf diese Linien in Abhängigkeit von ihrer Anordnung automatisch auf ganz bestimmte Weise. Parallele Linien, ob gerade oder gekrümmt, wirken geordnet und daher beruhigend; werden sie von weiteren Linien diagonal gekreuzt, so entsteht Unruhe. Auch optisches Gewicht spielt in diesem Balanceakt eine Rolle. Ein Quadrat oder eine Kreisform, welche man an einem Ende zweier paralleler Linien platziert, zieht das Auge auf sich; wiederholt man dieselbe Form am entgegengesetzten Ende, so ist das Resultat ein optisches Gleichgewicht.

Die Form eines Objekts hängt zum einen ab von seiner Funktion, zum anderen von dem verwendeten Material. Glatte Konturen, gerade oder gekrümmt, werden aus Holz und Stahl gefertigt; stückt man Material an, lassen sie sich zur komplexen Form eines Möbels oder Rankgerüsts verarbeiten. Ton wird aus Modeln zu Ziegeln und Kacheln geformt; auf einer Töpferscheibe entsteht daraus einen Blumentopf.

Kreis, Quadrat und Dreieck sind die Grundformen, aus denen sich alle anderen Formen ableiten, und eine jede zeichnet sich durch andere Eigenschaften aus. In der Waagerechten kann ein Kreis zum zentralen Element einer formalen Anlage werden, etwa in

Oben links
Mit sanfter, grüner Gewalt halten Efeuranken diese Steinkugel am Boden fest.

Oben Mitte
Wie ein Wächter liegt die Kugel mitten auf dem Pfad, lenkt jedoch das Auge auf die Steine zur Linken.

Oben rechts
Die stählerne Wendel zieht den Blick aufwärts und lässt so die Illusion einer vertikalen Bewegung entstehen.

Gegenüber
Die Standhaftigkeit dieser immergrünen Gestalten, vom Raureif noch hervorgehoben, wirkt während des ganzen Jahres form- und strukturgebend.

Gestalt einer niedrigen Mauer oder Hecke, die beispielsweise einen Springbrunnenumgibt. Überlappend wird aus ihm ein lineares Detail in einem asymmetrischen Pflastermuster. Aufgestellt bildet er die Öffnung in einer Mauer oder Hecke, die einen schönen Ausblick freigibt. In die Höhe gezogen wird aus dem Kreis die Zylinderform, die sich in einer tragenden Säule ebenso wie in einem Pflanzgefäß wiederfindet.

Eine Kugel ist nichts weiter als eine Zusammenballung von Kreisen; aus Beton gegossen oder aus Weidenruten geflochten ist sie ein plastisches Gestaltungselement. Kugeln aus Stein, Holz oder Metall bilden den Abschluss von Torpfosten und Obelisken. Auch Pflanzen wie Buchsbaum *(Buxus sempervirens)* und Lavendel kann man zur Kugelform ziehen. Die klassische Form des Lorbeers ist die Kugel auf hohem Stamm.

Formalem Design zu Grunde liegt das Quadrat; es besteht aus parallelen Geraden, die sich im rechten Winkel kreuzen. Es kann einen von Mauern umgebenen Gartenraum einschließen oder ein Heckenparterre; das Quadrat legt die Betonung auf ein Gestaltungselement im Zentrum einer Anlage oder lässt eine Abfolge unterschiedlicher Räume entstehen.

Die überwiegende Bedeutung des Dreiecks im Garten geht in die Vertikale. In Verbindung mit dem Kreis erwächst aus ihm ein Kegel, eine Gestalt, die sich ausgezeichnet für Rankgerüste eignet. Aus Draht oder Stahl hergestellt, vereinen sich in dem Kegel Stabilität und Transparenz; Weidengeflecht oder Holz als Werkstoff haben eine rustikalere Wirkung. Auch für formgeschnittenen Buchs oder Eiben *(Taxus baccata)* ist der Kegel eine sachlich-klare Form.

Aus dem Kegel entspringt die Spirale; sie entsteht als Formschnitt aus dicht gewachsenen Pflanzen oder wird in die Konstruktion eines Rankgerüsts integriert. Auf zwei Dimensionen reduziert, wird die Spirale zu einer Rinne für ein Wasserelement, zu einem Fliesenmosaik oder, in Kies geharkt, zum Kennzeichen einer fernöstlichen Thematik.

Gegenüber (oben)
Die rechtwinkligen Linien dieses Beckens sind sowohl vertikal als auch horizontal raffiniert von dem Holzdeck abgesetzt. Lebhafte Blattschwerter stehen zu der glatten Wasserfläche in dramatischem Kontrast.

Gegenüber (unten)
Dieser Entwurf verdeutlicht das Potenzial von Pflanzen als architektonisches Element. Die hohen Stämme der Palmen treiben die schmale Treppenflucht hügelan, während ihre eindrucksvollen Blattwedel im spitzen Blattwerk von Yucca und Keulenlilie *(Cordyline)* ein Echo finden.

Oben links
Die stark richtungweisende Gestalt dieses schmiedeeisernen Tores deutet auf eine Gruppe säulenförmiger Zypressen, die in der Ferne aufragen. Bastionen geschorener Eiben als Weggeleitung unterstützen die vertikale Thematik.

Mitte links (oben)
Dicht gedrängte Formsträucher, aus Kugeln, Keilformen und Pyramiden geschichtet, illustrieren die abwechslungsreichen Gestaltungsmöglichkeiten mit ein und derselben Pflanze.

Mitte links (unten)
Die Spirale repräsentiert energiegeladene Lebenskraft; dieses Detail aus einem geflochtenen Weidenzaun wirbelt wie ein soeben entzündetes Feuerwerk.

Unten links
Die senkrechten blauen Spiralen stehen mit Gestalt und Farbe in lebhaftem Kontrast zu den niedrigen, gestutzten Kugeln aus Heiligenkraut.

Oben rechts
Die vertikale Achse der Weißbirken wird von der dunklen Schieferbank gekreuzt. Eine Abfolge niedriger, grüner Pflanzenkugeln zieht das Auge vorwärts.

Unten rechts
Diese alte Eibe wurde mutig zu einer dramatischen Spirale umgeformt.

Muster

Die ganze Natur ist voller Muster, vom Aufbau der Blätter und Blütenblätter bis hin zu mineralischen Verfärbungen in Gesteinen. Sie sind die Inspiration, die all unseren Designtheorien zu Grunde liegt.

Ein Muster entsteht, wenn bestimmte Merkmale so angeordnet sind, dass das menschliche Auge darin ein Bild wahrnimmt. Variationen in Form und Zusammensetzung dieser Merkmale bilden den Ausgangspunkt für zahllose Veränderungen des Schemas und des Motivs, ob geometrisch, abstrakt oder figürlich. Die Merkmale lassen sich zumeist als Linie darstellen: geschwungen oder gerade, kreisförmig oder quadratisch angeordnet, in parallelen Streifen arrangiert, vertikal, horizontal oder diagonal ausgerichtet.

Ein Kreis mutiert zu einer Spirale – einer fundamentalen Lebenskraft, welche die Energie unterirdischer Wasseradern ebenso darstellt wie sich entrollende Farnwedel. Die Spiralform eines Schneckenhauses lässt sich durch eine mathematische Formel definieren, die auf alle Mollusken gleichermaßen zutrifft; diese Figur findet sich in der Natur wieder und wieder.

Manche komplex gemusterten Blütenblätter leiten mit ihren Punkten und Flecken die Insekten so wie Fluglotsen das Flugzeug zu dem Pollen der Staubgefäße. In einer Pflasterung aufgegriffen, kann ein solches Muster einen ähnlichen Zweck erfüllen, indem es das Augenmerk auf einen bestimmten Blickpunkt lenkt oder den Verlauf eines Weges betont.

Oben links
Die leuchtend grünen Gräser im Kugelformat stehen in scharfem Kontrast zu dem „gläsernen Kies".

Oben Mitte
Muster kommen in der Natur ebenso vor wie bei von Menschenhand geschaffenen Objekten, wie dieses Honigstrauch-Blatt (*Melianthus major* – oben) und die Holzschnitzerei (unten) verdeutlichen.

Oben rechts
Den von Quadraten umgebenen Stern betont die hohe konische Gestalt im Zentrum.

Gegenüber
Ein Parterre bietet *die* Gelegenheit, mit Mustern zu spielen.

Eine aufregende Vielfalt von Mustern lässt sich auf unterschiedlichste Weise in die bleibende Landschaftsgestaltung einbringen. Pflaster bietet hierfür besonders abwechslungsreiche Möglichkeiten. Geeignete Materialien gibt es in großer Zahl, und durch die Art der Verlegung lässt sich die Wirkung noch steigern. Ziegel können längs oder hochkant verlegt werden, in geraden Reihen, im rechten Winkel oder im Zickzack, und jedes Muster hat einen vollkommen neuen optischen Effekt zur Folge. Aus einem zweiten Baustoff, wie beispielsweise Schiefer, entsteht ein Randstreifen oder eine Abgrenzung zwischen unterschiedlichen Verlegemustern.

Kopfsteinpflaster und Kiesel sind in vielfältigen Größen und Formen erhältlich; es gibt sowohl runde als auch ovale und eckige. Neutrale Farben von Weiß bis Schwarz wirken kühl und modern und sollten sehr zurückhaltend kombiniert werden. Kopfsteine und Kiesel erweisen sich als besonders passend für runde Formen; auch für einen gestalterischen Mittelpunkt oder eine Teichumrandung eignen sie sich gut. Für einen außergewöhnlichen Blickfang lassen sich aus verschiedenfarbigen Kieseln komplexe figürliche Muster gestalten.

Für exotische und komplizierte Muster werden gerne bunt glasierte Kacheln verwendet; für ein Mosaik werden sie in kleine Stücke zerteilt, für einen großflächigen Effekt dagegen ganz belassen. Aufgrund ihrer Zerbrechlichkeit und Kratzempfindlichkeit eignen sie sich am ehesten für Wanddekorationen und Setzstufen oder aber für Tischplatten und Skulpturen. Unser Mosaiktisch-Projekt auf Seite 108–111 könnte eine Anregung in dieser Richtung sein.

Gegenüber (oben)
Der einfallsreiche Torbogen aus Weiden- und Haselruten rahmt einen theatralischen Übergang zum dahinter gelegenen Wald.

Gegenüber (unten)
Die Spiralwindungen aus niedrigem grauem Heiligenkraut verbinden die Rundungen der Formsträucher mit den Stielbonbons der geformten Gehölze.

Unten
Weiße Geländer, deren Schwung den optischen Eindruck noch verstärkt, rahmen die Abfolge der Treppen. Die Stämme der Weißbirken unterstreichen den Aufwärtsdrang des Designs (von 1928) und betonen gleichzeitig das Geländer, während das zarte Blattwerk eine leichte Note einbringt.

Unten links
Um die Ecke geführte Bänder aus Hornveilchen kontrastieren mit schmal gehaltenen grünen Buchshecken.

Unten Mitte
Auf Schritt und Tritt begleiten römische Zahlen diesen schmalen, in Thymiankissen gebetteten Pfad.

Unten rechts
Schmiedeeiserne Tore im Spiralmuster finden in der Pflanzenwelt ihren Widerhall, da dieses an sich reckende Ranken erinnert.

Farbe

Farben sind sinnlich; sie erzeugen Stimmungen und schaffen Atmosphäre. Sie können ein Gefühl der Ruhe und Besinnlichkeit oder aber von Theatralik und Aufruhr erwecken.

Mit Farbe lassen sich im Nu Verwandlungen herbeiführen. Abgeschabten Zäunen, dekorativen Bauten und Mobiliar haucht ein Anstrich mit einer der neuen Außenfarben neues Leben ein. Blassgelb gestrichene, ehemals schmuddelige Wände reflektieren das Licht, und Ockertöne bringen mediterranes Flair in eine helle Ecke. Leuchtend blaue oder tief purpurne Farbtöne für Holz- und Metallstühle schaffen im modernen Ambiente dramatische Kontraste.

Durch ein Farbschema verwandter Töne kann man grundverschiedene Elemente zu einer Einheit verbinden. Während die Zäune in einem blassen Graugrün gehalten werden, versieht man die Pergola oder einen Bogen mit einem kräftiger getönten Grün. Ein Schuppen nimmt das Thema mit einem Streifenmuster in beiden Farben wieder auf oder mit Details an Fenster und Tür, die der kräftige Farbton hervorhebt.

Unterschiedliche Töpfe harmonieren etwa durch eine Bemalung im verwandtem Muster, wie in unserem Projekt auf Seite 116–117. Alte Gießkannen und Zinnbehälter erhalten auf dieselbe Weise ein neues Gesicht, und bunt bemalte alte Gerätschaften lassen sich zu einer farbenfrohen „Zufalls-Skulptur“ arrangieren.

Oben links
Die blaue Glasur dieses Keramiktopfes unterstreicht das leuchtende Rot der Geranie *(Pelargonium)*.

Oben Mitte
Kreuz und quer über die Wand in Marokko-Blau rankt eine Bougainvillea.

Oben rechts
Wand und Beckenrand in Blau stehen in leuchtendem Kontrast zu den gelben Gefäßen und den exotischen Pflanzen.

Gegenüber
Tiefrote Kunststoffquadrate geben die „heiße“ Thematik vor, die durch Blüten in strahlendem Orange noch verstärkt wird.

Unten
Das hier gewählte Blassblau verleiht der Bank und dem Pflanzgefäß eine elegante Note, die durch die weiße Rose und die Unterpflanzung mit Petunien vollendet ergänzt wird.

Ganz unten
Der verwitterte Eindruck der abgeblätterten hellblauen Farbe harmoniert schön mit dem sanften Terrakotta-Ton der südländischen Vase.

Eine vollkommen andere Wirkung als schlichte Tontöpfe haben leuchtend bunte, bepflanzte Gefäße, die auf einer Terrasse zu einem exotisch wirkenden Arrangement zusammengestellt sind. Kacheln und Mosaike reflektieren mit ihren verschiedenartigen Oberflächen das Licht; sie kommen besonders gut auf (frostgeschützten) Bodenflächen und Tischplatten zur Geltung, als Auffrischung alter Gefäße oder als Intarsie an der Wand.

Glas und Acryl sind spannende Werkstoffe, die sowohl lichtdurchlässig als auch farbgebend wirken. Aus ihnen lassen sich Wasserspiele und Mobiles gestalten; in eine Mauer eingelassen, fungieren sie als durchscheinender Sichtschutz.

Gleichgültig, ob ihre Vorlieben exotisch oder eher gemäßigt sind, die Wahl der richtigen Farbfamilie bewirkt den gewünschten Effekt. Brennendes Magenta und tropisches Pink, tiefes Azur und glühendes Violett suggerieren ein heißes, mediterranes Klima mit wolkenlosem Himmel und flirrendem Sonnenschein.

Unter nordischem Licht allerdings können leuchtende Farben fehl am Platz wirken. Hier kommen sanfte Farbtöne zur Geltung; sie komplementieren und unterstützen mit weicher Eleganz. Gedämpftes Grün und Zinngrau bilden einen feinen Kontrast zum Laub, während zartes Flieder und warme Blautöne die Farbnuancen von Blüten im rotblauen Spektralbereich aufgreifen.

Auch in Schattenlagen machen sie sich gut, wo sie das gedämpfte Licht schimmernd reflektieren.

Neutrale Farben wirken kühl und elegant. Diese Naturtöne reichen von den erdigen Schattierungen von Ton und Stein über blasses Creme bis hin zu weichem Braun. Grau und Schwarz, Bernstein und Terrakotta unterstützen mit intensiveren Abstufungen das Thema. Man denke an die Adobe-Häuser Neumexikos, die Pfahlhäuser aus Teak in Thailand und die aus Naturstein gemauerten Häuser in den englischen Cotswolds. Trotz aller grundlegenden Unterschiede eint die Verarbeitung lokaler Materialien sie zu unaufdringlichen, in die Natur eingefügten Bauwerken.

Oben
Die Gartenmöbel in hellem Blau fügen sich sehr harmonisch in das Gartengrün ein. Die leicht exotische Wirkung wird durch die raffinierte Wahl limonengrüner Stoffe für Kissen und Sonnenschirm unterstrichen.

Gegenüber (unten rechts)
Das sanfte Malvenblau des Gartenobjekts setzt zwischen dem intensiven Blau des Eisenhuts und dem Blassrosa der Glockenblumen ein sichtbares Zeichen.

TEXTUR

Die Oberflächenbeschaffenheit eines Gegenstandes kann eine starke Sinnlichkeit ausdrücken. Vom wogenpolierten Kiesel bis zu rauem, verwitterten Fels ergänzt Textur den Garten um eine zusätzliche emotionale Dimension.

Obwohl man an einer interessanten Oberfläche auch ohne den Tastsinn Gefallen finden kann, kann man sich doch nur schwer zurückhalten, die Hand danach auszustrecken. Wie enttäuschend, wenn ein Schild neben einer Skulptur jegliche Berührung untersagt. Es beraubt den Betrachter gleichsam der Gelegenheit, die Gedanken und Gefühle des Künstlers nachzuvollziehen.

Bei jedem Material kommen je nach Oberflächenbehandlung vollkommen unterschiedliche Charakterzüge zum Vorschein. Zwischen Rauholz und sorgsam gehobeltem, maßgefertigtem Gitterwerk liegen Welten. Ein perfekt glatt geschmirgelter Eichensitz unterstreicht die hohe Qualität des Holzes. Wird Weichholz gestrichen, verschwindet die Maserung unter der glatten Oberfläche. Behandelt man es jedoch mit einer farbigen Lasur, bleiben sowohl Maserung als auch die Fasern sichtbar.

Granit ist ein extrem hartes und schweres Gestein und hinterlässt einen unbeugsamen, geradezu aggressiven Eindruck, wenn man ihn auf Hochglanz poliert. Wird die Oberfläche dagegen leicht gehämmert, so ergibt sich ein viel weicheres Bild.

Oben
Ganz und gar unterschiedliche Oberflächen: verrostete Unterlegscheiben (oben links), eine Spirale aus zerborstenem Verbundglas (oben Mitte), eine flechtenüberzogene Ziegelmauer (oben rechts), Rauholz (unten links), Fliesenmosaik, Glastropfen und Schneckenhäuser (unten Mitte), glatte Kiesel (unten rechts).

Gegenüber
Die glasierten Fliesenscherben dieses einfallsreichen Mosaiks in Blau sind das Glanzlicht eines maritimen Gartens mit glatten Strandkieseln und borstigen Pflanzen.

Auch der Herstellungsprozess kann die Oberfläche und das Verhalten des Endprodukts beeinflussen. Der übliche Mauerziegel ist rau und wasserdurchlässig, wogegen die glänzende, harte Oberfläche eines Klinkersteins Wasser und Frost abweist. Entsprechend fühlt sich handgearbeitete Terrakotta angenehm körnig an, während ein glatter Tontopf aus Industrieproduktion eher ausdruckslos dasteht.

Denselben Wandel sieht und spürt man bei Metallen. Wird Eisen in Form gegossen, so ist das Ergebnis ein schwerer, lebloser Gegenstand. Echtes Schmiedeeisen, das heute Seltenheitswert genießt, wird heiß gezogen und gehämmert und eignet sich für ausgesprochen zierliche Dekorationsstücke.

Kohlenstoffarmer Weichstahl wird auf dieselbe Weise verarbeitet, verfügt jedoch nicht über gleiche Flexibilität und Rostfreiheit. Die attraktive, rustikale Struktur seiner rostigen Oberfläche sollte man unbedingt als zwangloses Beiwerk für Rabatten in Betracht ziehen, da er zwischen Pflanzen ganz natürlich wirkt. Hell glänzender Edelstahl ist glatt und hart in seiner Beschaffenheit. Er rostet kaum und lässt die klare, energische Linienführung zu, die von modernem Design gefordert wird.

Weiches Bleiblech ist aufgrund seiner guten Formbarkeit für zierende und schützende Oberflächenverkleidungen geeignet, wogegen gegossenes Blei fest und weniger biegsam ist. *(Blei wird in Deutschland nicht angeboten.)* Zink weist ähnliche Eigenschaften auf, wirkt im Neuzustand jedoch eher glänzend. Stahl kann zum Rostschutz in flüssiges Zink getaucht werden.

Es leuchtet ein, dass die Textur der eingebrachten Materialien den Charakter und die Atmosphäre eines Gartens bestimmt. Gänzende, harte Oberflächen wirken formal und städtisch, während ein raues Äußeres ein eher zwangloses Ambiente zulässt.

Gegenüber und links (Mitte unten)
Mit Schiefer lassen sich imaginäre Wasserläufe kreieren.

Oben links
Glaszuschlag dient als leuchtendes Füllmaterial zwischen zwei Beeten.

Oben Mitte
Eine glatte, glänzende Oberfläche bringt Lichtreflexe in den Garten.

Oben rechts
Tief geäderte Funkien mildern den steinigen Teichrand.

Mitte rechts
Holz verwittert zu einer zunehmend interessanten Struktur.

Unten rechts
Graue und goldgelbe Flechten schmücken diese Steinkugel.

Unten links
Die winzigen Steinbrechrosetten *(Saxifraga)* kontrastieren mit den harten Kieseln und dem schmalen Grün der Nelken *(Dianthus)*.

Links Mitte
Die glatte Kugel steht im Kontrast zu dem rauen Holz, dem feinen Kies und dem sattgrünen Laub.

Klang

Pappelblätter, die im Wind gegeneinander schlagen, das Rascheln des Bambus, das Plätschern einer Fontäne, das wohlbekannte Zwitschern der Singvögel – dies ist nur ein Teil der Klangvielfalt, die es im Garten zu entdecken und hervorzubringen gilt.

Da Klang nicht sichtbar ist, wird diese Dimension des Gartendesigns häufig übersehen, doch mit etwas Kreativität kann er bewusst zur Bereicherung der Umgebung eingebracht werden. Eine höchst wirkungsvolle Geräuschquelle ist Wasser, dessen Rauschen zu den beruhigendsten und erfreulichsten Klängen dieser Welt zählt. Das sanfte Gluckern und Murmeln fließenden Wassers hat etwas sehr Entspannendes. Man sollte es jedoch mit Bedacht integrieren: Zu kräftiges Plätschern kann aufdringlich werden, aber auch das Tröpfeln und Drippeln von Wasser kann zu Irritationen führen. Man wähle also sein Wasserspiel sorgfältig aus, besonders für einen kleinen Garten, in dem jedes Plätschern hörbar bleibt.

Mit dem Wasser kommen die Vögel, sie suchen nach seichten Stellen, an denen sie eine Gelegenheit zum Trinken und Baden finden; hier sollten sie vor den Katzen der Nachbarschaft sicher sein. Vogelgesang bringt uns mit der Natur in engen Kontakt und ist ein erstaunlich wirksames Mittel gegen Stadtneurosen. Zu morgendlichem Vogelkonzert zu erwachen ist eine Freude, die auch Städtern nicht versagt ist, und der Abendgesang zur Dämmerung wirkt ungemein beruhigend. Wer das ganze Jahr über Vögel anlocken will, darf nicht vergessen, sie regelmäßig zu füttern, ganz besonders im Winter,

Oben links
Wasser, das auf Steine plätschert, erzeugt ein erfrischendes und belebendes Geräusch.

Oben Mitte
Eine kleine schwebende Figur tummelt sich in der rauschenden Fontäne.

Oben rechts
Vögel erfüllen den Garten mit Leben und Freude; diese Blaumeise nimmt ein ausgelassenes Bad.

Gegenüber
In den pendelnden, hauchdünnen Täfelchen aus Waliser Schiefer mit den eingeritzten Schriftzügen verbinden sich Klang und visuelle Kunst.

da nicht nur Boden und Wasser gefroren sind, sondern überdies Insekten und andere Futterquellen fehlen.

Wer ein wenig auf die Bedürfnisse der Tierwelt achtet, kann seine Ohren mit unerwarteten Geräuschen belohnen. Eine schmatzende, schlurfende Igelfamilie ist über Katzenfuttergaben hoch erfreut. Mit einem Meer von Lavendel und Rosmarin zieht auch das Brummen der Hummeln ein. Ein Eichhörnchen, das sich an Bucheckern und Nüssen gütlich tut, verursacht einen beachtlichen Lärm, manchmal sogar mehr, als willkommen ist!

Wer erinnert sich nicht, wie viel Spaß er als Kind hatte, im Wald durch

Berge von Herbstlaub zu tollen? Blätter, die im Herbst zundertrocken den Boden bedecken oder aber im Frühjahr frisch und grün die Zweige schmücken, bringen eine Fülle wunderbarer Geräusche mit sich. Die sanfteste Brise ruft geheimnisvolles Rascheln hervor, und ein kräftiger Wind erzeugt ein Heulen und Rasseln, das nach Geistergeschichten verlangt. Selbst Bäume kann man im Gedanken an eine Klangkulisse pflanzen.

Vor allem das Eukalyptuslaub erzeugt ein spektakuläres Rasseln, und kappt man den Haupttrieb ein wenig über Haupteshöhe, so entwickelt der Baum ein wunderbares Blätterdach, das selbst in einen kleinen Garten passt.

Auch Bambus und hohe Gräser, neben einen Pfad gesetzt, erfreuen den Vorübergehenden mit ihrem Rascheln.

Ziehen Sie Nutzen aus Wind und sanften Brisen, und vergessen Sie nicht, dass ein Windspiel in einem Eingang oder ein Mobile an einem Ast eine weitere reizvolle Klangdimension hinzufügen kann.

Gegenüber (oben)
Ein lebhafter Springbrunnen lässt das Wasser aus der übervollen Schale bis in den Brunnen rieseln.

Gegenüber (unten)
Aus einer alten Apfelkelter entstand dieses vielfältige japanische Wasserspiel. Leise rinnt der Wasserstrahl aus dem Bambusrohr bis auf die Kiesel hinab.

Links
Beim Windspiel verbindet sich heller Glockenton mit Stil.

Unten
Stille Wasser sind zwar tief, jedoch längst nicht immer still: Am Teichrand verstecken sich quakende Frösche, und Fische bewegen die Wasseroberfläche.

DIE STILRICHTUNGEN

Stil ist eine Frage der Persönlichkeit und der Selbsterkenntnis: eine Frage des Charakters, nicht der Mode; der Kreativität, nicht des Geldes. Der Stil eines Gartens wird dadurch bestimmt, wie man sieht, fühlt und lebt. Sämtliche Erfahrungen beeinflussen die Persönlichkeit, und ein Garten ist Spiegelbild dieser Einflüsse.

Um bei der Suche nach dem eigenen, individuellen Gartenstil und seiner Verwirklichung behilflich zu sein, haben wir die wichtigsten Teilaspekte analysiert. Auch der Bezug zur Geschichte fehlt nicht und veranschaulicht, welchen Einfluss Moden und Geschmack durch die Jahrhunderte noch heute haben.

Es werden Anregungen gegeben für passende Dekorationsstücke zur Ergänzung des jeweiligen Stils, vom ländlichen Garten bis zur eleganten Stadtterrasse. Anhand unserer Leitfäden lassen sich alle Elemente zu einer persönlichen, einzigartigen Vision Ihres Gartens kombinieren.

Auch Pflanzen haben ihre individuelle Gartenpräsenz, und wir erläutern, welchen Einfluss die richtige Pflanzenwahl auf den Garten ausübt. Eine wohl durchdachte Kombination von Pflanzen und bleibenden Gartenelementen macht Gartendesign erst erfolgreich.

Auch die geografische Lage übt einen ausschlaggebenden Einfluss auf jeden Garten aus, durch die Landschaft ebenso wie durch das Klima. Wir zeigen, wie man die Stilrichtungen erkennt, die am besten in die jeweilige Umgebung passt.

Auf Reisen, in Filmen und Literatur begegnen uns kulturelle Eigenarten, die alle ihren Eindruck hinterlassen. Wir stellen Ihnen wichtige internationale Stilrichtungen und darunter Gärten in dem zunehmend beliebten minimalistischen Stil vor.

Gegenüber (oben)
Eine niedrige, sanft getönte Mauer schützt diesen kühlen, Zen-inspirierten Innenhof, der mit hellgrauem Schiefer und Kies in Naturtönen befestigt ist. Die zurückhaltende Bepflanzung aus Papyrus und Moos rund um den kleinen Teich vervollkommnet den Eindruck von Ruhe und Frieden.

Gegenüber (Mitte)
Baumstämme und Stahlspirale unterstreichen den Vorwärtsdrang des Weges in diesem formalen Stadtgarten.

Gegenüber (unten)
Das leuchtende Rot der Mohnblumen durchdringt den Frühnebel, der so häufig über Gärten in Meeresnähe liegt.

Links
Eine enge Wasserrinne durchschneidet den Weg, der zwei niedrige Fontänenbecken miteinander verbindet. Sie fungiert so als Trennelement zwischen den hoch getürmten exotischen Rabatten dieses mediterranen Gartens.

Der formale Garten

Die Tradition des Gartendesigns lässt sich bis zu den alten Ägyptern zurückverfolgen, doch ein Meilenstein ist und bleibt die italienische Renaissance des 15. Jahrhunderts, deren Einfluss auf die Gartengestaltung sich bis heute erhält. Die klassische Form ist durch die Jahrhunderte weitergereicht worden; sie umfasst Gartenmoden bis hin zu den Design-Varianten, die den Beginn des neuen Jahrtausends kennzeichnen.

Unten
Paarweise angeordnete, mit Buchs unterpflanzte Hochstämme akzentuieren bei diesem Entwurf die Symmetrie der Beetgestaltung; elegante Buchspyramiden markieren das Ende der schmalen Wasserstreifen.

Das streng lineare Design wird durch die geradlinige Unterpflanzung und den horizontal gegliederten Sichtschutz im Hintergrund noch stärker unterstrichen, während der weiße Keiler als zentraler Blickfang dient.

Vor Jahrhunderten ließen mächtige Großgrundbesitzer ihre Landsitze von den besten Architekten und Landschaftsbauern errichten. Billige Arbeitskräfte gab es reichlich, und die Bautechnik wurde laufend weiterentwickelt, sodass es möglich war, Herrengüter von Schwindel erregender Komplexität und klassischer Erhabenheit zu erschaffen, die in den nachfolgenden Jahrhunderten in ganz Europa imitiert wurden.

Die riesigen Ausmaße von Versailles außerhalb von Paris, das nie gesehene Erdarbeiten notwendig machte, und die Handhabung und Regulierung des Wassers in seinen Kanälen und Springbrunnen vermitteln einen Eindruck von den Fähigkeiten und der Philosophie seines Erbauers, Le Nôtre, die uns bis zu diesem Tag inspirieren. Das geduldige Beschneiden Hunderter Formsträucher und das Heraus- und Hereintragen Dutzender Palmen und Exoten in der Orangerie zu jedem Jahreszeitenwechsel wird bis heute getreu praktiziert.

Die riesigen Ausmaße dieser Landsitze erforderten höchstes Verständnis von Größenordnung und Proportion. Wege, Alleen und Kanäle durchschnitten ganze Landschaften; lange Treppenfluchten schmückten Übergänge zwischen Höhenunterschieden. Diese Mittel dienten der Ausgewogenheit und Ordnung des Gesamtplans. Die Blickachsen, die durch sie entstanden, ließen einen langen Blick auf Statuen und Fontänen zu und dienten als elegante Promenaden für Spaziergänge und Wettspiele.

Die kleineren Abschnitte zwischen den Wegen wurden von Hecken aus Eiben *(Taxus baccata)* und Hainbuchen *(Carpinus betulus)* umrahmt, die ihre Form und Abgeschlossenheit hervorhoben. Sie sind die Vorläufer unseres modernen Konzepts des Gartenraums. Ein ausgesprochen wirkungsvolles Rezept für lange, schmale Grundstücke ist ihre Aufteilung in voneinander abgeschirmte Einzelbereiche. Dadurch erschließt der Garten sich nach und nach während des Erkundungsgangs und kann auf relativ kleinem Raum mit Überraschungen und vollkommen neuen Eindrücken aufwarten. Selbst ein winziges Gartenstück entfaltet große Wirkung, stellt man es unter ein einheitliches Motto.

Für die städtische Umgebung, in der so viele von uns leben, sind formale Gärten hervorragend geeignet. Die Restriktionen des engen Raums zwischen dicht gedrängten Häusern und Wohnungen haben auch ihr Gutes, da hohe Mauern und angrenzende Gebäude für Abgeschiedenheit sorgen. Dem Bedürfnis nach Klarheit im Gegensatz zu mannigfachen widerstreitenden Einflüssen kommt ein geordneter, besänftigender Garten entgegen.

Das Gartenparterre, ein im 17. Jahrhundert besonders populäres Stilmittel, findet heute erneuten Anklang. Umschlossen von einem Sichtschutz, sind hier niedrige Hecken aus Buchsbaum und aromatischen Kräutern zu einem geo-

Links
In gerader Prozession durchqueren Baumpaare die horizontale Linie der Kanäle; die ebenen Stämme und der kastig beschnittene Buchsbaum geben den gleichmäßigen Rhythmus vor.

Oben
Die edle Bank aus schwarzem Schiefer ruht auf einem Fundament aus schwarzen Pflasterklinkern. Kugeln aus sauber gestutztem Buchs und Bubikopf bilden den Ausgleich zu den überwiegend rechteckigen Formen.

metrischen Muster aus gerundeten oder geraden Linien angeordnet, dem so genannten Knotengarten. Wem ein solches Projekt zu kompliziert ist, der kombiniert einfach vier Quadrate aus niedrigen Hecken zu einem größeren Quadrat und betont das Wegekreuz mit einem Pflanzgefäß, einer Sonnenuhr oder einem Zierbrunnen.

Im Frühling füllen Zwiebelpflanzen diese Heckenquadrate wunderbar aus. Dunkelgrüner Buchsbaum mit weißen Tulpen ist eine magische Kombination; schwarze Tulpen, von silbriggrauem Heiligenkraut *(Santolina)* umgeben, sind Raffinesse pur. In sonniger Lage sind für den Sommer fiederblättrige Kosmeen mit ihren riesigen weißen oder karminroten Blüten eine gute Wahl. Schatten ist in der Stadt jedoch wahrscheinlicher; hier wäre weißer Dufttabak *(Nicotiana)* oder wären weiße Fleißige Lieschen *(Impatiens)* perfekt. Im Winter schließlich lässt sich der Wachstumszyklus mit Alpenveilchen *(Cyclamen)* oder Heide beschließen. Auf diese Weise lassen sich auch in einem kleinen Garten jahreszeitliche Wechsel wirkungsvoll ankündigen, während das immergrüne Grundgerüst und der Aufbau des Designs erhalten bleiben. Als krönender Höhepunkt wird das Pflanzgefäß mit einem immergrünen Formstrauch aus Ilex, Lorbeer *(Laurus nobilis)* oder Buchs bestückt, oder aber das Blütenschema des Parterres wird wieder aufgenommen.

Oben links
Niedrige Eibenhecken und Hochstämme ziehen den Betrachter unwiderstehlich zum Gebäude in der Ferne.

Links
Zu dichten Kugeln manikürtes graues Heiligenkraut in rechteckigen Beeten wechselt mit planen Lavendelflächen ab. Untersetzte kleine Buchskegel markieren die Eckpunkte der niedrigen Einfassungshecken des Parterres.

Die Kunst des ornamentalen Formschnitts von Gehölzen ist seit der Römerzeit mit den wechselnden Moden gekommen und gegangen; zur Zeit erlebt sie ein leidenschaftliches Comeback, und in London etwa flankiert ein Paar Lorbeer-Hochstämme in Versailles-Kästen die Eingangstür eines jeden Hauses, das etwas auf sich hält. Architektonische Formen wie Kegel, Kugeln und Spiralen wirken grundsätzlich

gepflegt und elegant und passen zum klassischen wie zum modernen Ambiente.

Geeignete Objekte für den Formschnitt sind die Klassiker Buchsbaum, Eibe und Lorbeer, doch viele weitere Bäume und Sträucher eignen sich ebenso. Rosmarin *(Rosmarinus)* und Lavendel *(Lavandula)* ergeben eine gute Kugelform; Feuerdorn *(Pyracantha)* wird an einer Wand in Form gezogen; sogar ein schlichter Weiß- oder Rotdorn *(Crataegus)* erhält durch Beschneiden eine edle Figur.

Vielen altbekannten Pflanzen verleiht solch ein Formschnitt ein völlig neues Gesicht. Kamelien und Azaleen werden nach japanischer Manier mit der Gartenschere zur Hecke gezogen; Buchs und Kiefer *(Pinus)*, Japanischer Ilex *(I. crenata)* und Brautmyrte (Myrtus communis), Fichte *(Picea)* und Tanne *(Abies)* eignen sich für den Beschnitt in Wolkenform, wie in unserem Projekt auf Seite 140–143 gezeigt.

Oben
Dieses kreisförmige Parterre ist in gleichmäßige, buchsgesäumte Segmente unterteilt, die auf eine elegante Statue im Mittelpunkt weisen. Die gemischten Kräuterpflanzungen innerhalb der Abschnitte wirken sehr formell.

Oben rechts
Buchskegel betonen hier die Spitzen der Parterre-Segmente. Die flächige Bepflanzung mit Lavendel und Purpursalbei übt eine beruhigende Wirkung aus.

Rechts
Eiben-Obelisken bilden das Weggeleit zu Ziegelsäulen und einem Sommerhaus.

Links
Paare von Kugelakazien *(Robinia pseudoacacia)* schreiten in rhythmischer Prozession diese Allee entlang.

Unten
Eine hohe Buchenhecke bildet den Rahmen für die anmutige Statue; die Unterpflanzung mit leuchtendgelbem Goldlack *(Cheiranthus)* sorgt für einen kontrastreichen Abschluss.

Überall erhältlich sind Drahtgestelle, mit Hilfe derer man seine Pflanze in die gewünschte Form bringen kann. Draht ist ein spannender flexibler Werkstoff, aus dem sich unzählige Objekte herstellen lassen – Möbel, Obelisken und Spaliere ebenso wie Rankgerüste für Pflanzen. Mit Klimmern wie immergrünem Efeu *(Hedera)* in seinen zahllosen Spielarten oder, in wärmerem Klima, mit Kletterficus *(F. pumila)* erlangt ein solches Gerüst im Nu die Wirkung eines Formstrauches.

Gegenüber (unten rechts)
Die klassizistische Terrakotta-Urne macht sich gut am Fuß der Treppe.

Unten
Mit dieser Figur zieht Fröhlichkeit im Garten ein.

Ganz unten
Mit formalen Gefäßen lässt sich ein spannender Mittelpunkt schaffen.

Die von Natur aus ungebärdige Gestalt blühender Kletterpflanzen wie Clematis oder Passionsblume bändigt ein kegelförmiges Gestell, welches gleichzeitig ihre Blütenform besonders vorteilhaft präsentiert. Sorten entfalten ihre größte Wirkung in Kombinationen, wie etwa die reinweiße Clematis 'Marie Boisselot' mit *C.* x 'Lasurstern' in zartem Malventon; andere Spezies dagegen, wie beispielsweise *C. tangutica*, bleiben durch ihre silbrigen Samenstände noch lange nach dem Verblühen attraktiv.

Oben
Eine Balustrade und ein überwältigender Ziergiebel verwandeln die steile Treppe zur Kulisse. Der Aufwärtsschwung wird durch die Randgestaltung mit Buchsbaum und Bergenien akzentuiert.

Der romantische Garten

Überquellende Rabatten voller Blüten jeglicher Größe und Farbe, überschäumende Kletterrosen an der Wand, Hühner, die im Bauerngarten zwischen den Beeten scharren – so stellt man sich das gute Landleben vor. In der Stadt wie auf dem Land lassen sich die Düfte und Geschmäcker einer solchen romantischen Idylle genießen.

Romantik suggeriert weiche Linien, fließende Übergänge und Überfluss. Nicht strenge Kontrolle, sondern zwanglos verbundene Gartenteile mit unterschiedlicher Thematik sind hier gefragt.

Der Inbegriff der Romantik unter den Blumen ist die Rose, und hier wiederum versprechen die alten Sorten mit ihren üppigen Blüten und sinnträchtigem Duft den höchsten sinnlichen Genuss. Ein besonderer Rosengarten verwöhnt mit vielen wunderschönen Blütenformen. Eine Gruppenpflanzung, zu der Bourbonen-und Essigrosen mit Namen wie 'Boule de Neige', 'Cardinal Richelieu' und 'Fantin Latour' zählen, ist einfach unwiderstehlich. Mit Blütenfarben von Sahneweiß über Zuckermandel-Rosa bis hin zum tiefsten Purpurrot und ebenbürtigem Duft locken sie durch ihren Zauber. Mit Begleitpflanzen in schönem Silber und Blau entstehen verführerische Kombinationen, die während des ganzen Jahres wirken.

Ein weiterer Gartenbereich wird mit Wasser zum Hingucker. Gibt es eine Grenzmauer, so genügt schon eine schlichte Löwenmaske, die Wasser in eine Zisterne speit. Stärker im Mittelpunkt steht ein rundes Becken, in dem eine Fontäne die treibenden Blätter einer Seerose *(Nymphaea)* mit Wasserperlen benetzt. Eine von Frauenmantel *(Alchemilla mollis)* umgebene Lavendelhecke wird ein solches Becken mit einer überwältigenden Kombination von Tiefblau und Schwefelgelb umschließen.

Pfade schlängeln sich von einem Bereich zum anderen und laden zu Entdeckungsreisen ein. Runde Ziegelformen, alter Stein und Kopfsteinpflaster vermitteln ein sanftes Bild und verbinden sich harmonisch mit Blüten und Blattwerk. In einem wildromantischen Bereich, wo Wegebelag fehl am Platz wäre, genügt ein gemähter Pfad im Wiesengras. Den Frühling schmücken Wogen von Osterglocken *(Narcissus)* und frühe Zwiebeln; mehrmals ausgebrachter Wildblumensamen lässt die Farbenpracht vom Sommer bis zum Herbst andauern.

Versteckte Wege locken auf geheimnisvolle Reisen. In einem Tunnel präsentieren sich die Blütentrauben von japanischer Glyzine in ihrer ganzen Schönheit; verschiedene Geißblattarten *(Lonicera)* in Vergesellschaftung lassen den ganzen Sommer hindurch eine duftende Blütezeit auf die andere folgen.

Der romantische Garten verlangt nach einfühlsamer Möblierung. Sie sollte dekorativ und funktional zugleich sein und den Garten kreativ bereichern. Mit etwas Glück findet man interessant gestaltete, zierliche oder legere Stücke. Gute Entwürfe vom Klassischen bis zum Fantastischen stammen aus dem 18. und 19. Jahrhundert. Ebenso gut kann der pseudorustikale Stil aus Hasel oder Rauholz der letzten Jahrhundertwende passen.

Leichte Stühle aus Schmiedeeisen oder Drahtgeflecht gehen eine einfühlsame Verbindung mit unkonventionellen Pflanzungen ein und wirken in neuen Farben frisch und originell; die Farben der Mosaik-Tischplatte von Seite 108-111 dagegen sind beruhigend und zurückhaltend.

Gestrichene Weichholzmöbel entfalten ihre beste Wirkung, wenn sie die Blütenfarben des Gartens aufgreifen; rotstichiges Blau und Graugrün halten sich gut im Hintergrund, reines Weiß ist von edler Schlichtheit.

Gegenüber (links)
Klappstühle mit Segeltuch sind ideal für eine versteckte Ecke.

Gegenüber (Mitte)
Der überdachte Brunnen wiederholt die Gestalt des Hausdachs; die überreiche purpurne Klematis ist eine weitere Gemeinsamkeit.

Gegenüber (rechts)
Eine Brettschaukel am Seil macht Sommertage zum Genuss.

Eine Laube ist ein lieblicher Ort, perfekt für ein geheimes Stelldichein. Sie ist ein wunderbarer Anlass für duftende Kletterpflanzen wie Rosen, Jasmin und Geißblatt, ein Thema, das sich an angrenzenden Mauern oder Rankgittern weiterführen lässt. Sie muss so stabil sein, dass sie das Gewicht der Pflanzen trägt, aber zierlich genug, dass sie das Bild nicht dominiert. Schmiedeeisen ist aufgrund seiner Stabilität und optischen Leichtigkeit sehr geeignet; mit einem cremefarbenen oder taubenblauen Anstrich wirkt es besonders apart.

Unten
Das symmetrische Muster des klematisberankten Bambusgerüsts ist ein perfekter Hintergrund für die Rabatte.

Der französische *Potager* (Kräutergarten) mit seiner Mischung aus Blumen, Gemüse und Kräutern ist eine häufig angestrebte romantische Idylle. Das selbst gezogene, frisch geerntete Gemüse belohnt uns mit den Gaumenfreuden vorzüglicher Mahlzeiten für die harte Arbeit und Mühe. Es gibt heute so viele ungewöhnliche Sorten, dass sich Stil und Geschmack im kulinarischen Küchengarten auf ganz neue Ebenen heben lassen. Roter Mangold, violetter krauser Grünkohl und gelbe Tomaten sind nur einige Beispiele für den verlockenden Farbreichtum und das verführerische Äußere, die dem Gärtner zur Verfügung stehen.

Bevor man sein Nutzgartenstück einteilt, sollte man auf dem Papier mit verschiedenen Formen und Mustern experimentieren. Gerade Reihen lassen sich am effizientesten kultivieren, doch die Pflanzen selbst brauchen nicht in Reih und Glied zu stehen. Besonders zweckmäßig ist das viergeteilte Parterre mit Pfaden in der Mitte. Die Viertel werden mit kleinen Hecken aus verholzenden Kräutern gerahmt; Rosmarin *(Rosmarinus)*, Thymian *(Thymus)* und Salbei *(Salvia)* eignen sich hier. Darin lässt sich ein strahlenförmiges oder konzentrisches Pflanzschema arrangieren, je nach Größe und Eigenart der Pflanzen.

Wenn nur sehr wenig Platz für einen Gemüsegarten zur Verfügung steht, der kann eine Wagenrad-Form mit Nabe und Speichen aus Kies anlegen, deren dreieckige Flächen er mit Kräutern und Salat ausfüllt. Hohe Tontöpfe, bis zum Überquellen mit Schnittlauch, Majoran und Petersilie gefüllt, akzentuieren die Ecken. Haseltipis, die von violetten Erbsen, Brechbohnen und Zierkürbissen überwuchert sind, ergänzen das Design um ein vertikales Element; Rankgerüste mit Kletterbohnen oder Brombeeren bilden den Abschluss.

Oben
Ein Bambustipi, von kletternden Brechbohnen dicht berankt, ergänzt den niedrigen Pflanzenwuchs um eine attraktive Vertikale.

Links
Dieser *Potager* bei einem französischen Château ist als fantasiereiches Parterre angelegt, das in reinem Luxus schwelgt. Der überspitzte Einsatz von Reinkulturen verdeutlicht die Rolle, die Gestalt und Textur in einem Design spielen.

Oben rechts
Rot- und purpurblättrige Salatsorten komplementieren hier roten Mangold und Karde, Gemüsesorten mit stark strukturierten Blättern; der Effekt wird durch die kühne Massenpflanzung noch verstärkt.

Rechts
Den schlichten eisernen Laubengang transformiert ein Kleid aus leuchtend bunter, rankender Kapuzinerkresse und Zierkürbissen.

Oben links
Mit rosa- und purpurroten Rosen berankte Torbögen lenken das Auge auf diesen von blauer Veronika und Frauenmantel gesäumten Weg.

Oben rechts
Durch das Gitterwerk der Pergola fällt gedämpftes Sonnenlicht auf den fantasievollen Wegebelag aus Holzbohlen und Kiesstreifen.

Unten links
Limonengrüner Frauenmantel und roter Mohn akzentuieren die malvenfarbenen Wogen aus Salbei, Zierlauch und Rittersporn.

Oben links
Von diesen Stühlen aus Eisendraht lassen sich die grünen Pfauen wunderbar beobachten.

Großes Bild Mitte
Die ungewöhnliche Verbindung von blühendem Holunder *(Sambucus)* mit Geißblatt *(Lonicera)* bildet den Rahmen für den Blick auf das freie Land.

Oben rechts
Wogen von Waldstorchschnabel *(Geranium sylvaticum)* lassen kaum genügend Raum für einen Spaziergang durch diesen romantischen Tunnel, ein Rundspalier aus Apfelbäumen.

Unten rechts
An der alten Steinbalustrade verflechten sich rosa Kletterrosen mit traubenbehangenen Reben.

Der mediterrane Garten

Der scharfe Kräuterduft eines Abhangs über dem Meer; leuchtend weiß gekalkte Steinhäuser, die die Hitze der Sonne reflektieren; Mahlzeiten in schattigen Innenhöfen unter freiem Himmel: die Metaphern des Mittelmeerraums sind berauschend und sinnenfroh, unbändig und evokativ. Mahlzeiten im Gespräch mit Freunden rund um einen Tisch, kiesbedeckter Boden und Rosmarin in Terrakotta-Gefäßen – dies ist ein Rezept für Lebenskünstler, entspannt und doch voller Bedacht, gemütlich und dennoch elegant.

Im authentischen mediterranen Garten verbindet sich die ungebändigte Natur mit einem feinen Sinn für Farbe und Form. Die Wirkung ist zwanglos, jedoch nur aufgrund der wohl durchdachten Wahl und Platzierung der einzelnen Elemente.

In kühleren Gegenden wäre ein sonniger Platz die beste Wahl, wo ein geschützter Innenhof dem Design den Rahmen gibt und frostempfindliche Pflanzen gedeihen lässt. In heißer, ungeschützter Lage spendet eine rankenbedeckte Pergola oder ein Laubengang willkommenen Schatten und unterstützt das Ambiente.

Beim Gartendesign sind es die Bodenbeläge und die Randbegrenzungen, welche die thematische Einheit herstellen und die Gesamtwirkung festlegen. Geeignete Bodenbeläge für den lässig-eleganten Look sind rau behauene, ungeschliffene Steinplatten oder rustikale Terrakotta-Kacheln. Kies eignet sich für informelle Ecken oder Lücken zwischen Beeten, die im Allgemeinen nicht betreten werden; mit Kopfsteinen lassen sich gut Bögen legen oder Details für Wege. All diese Materialien hinterlassen den nötigen Eindruck markanter Bodenständigkeit; zudem absorbieren sie Hitze, die sie später zum Nutzen der passend ausgewählten Pflanzen wieder abgeben.

Stark strukturierte, alte Steinmauern sind der ideale Hintergrund, aber längst nicht überall im Bereich des Möglichen. Eine vielseitige Alternative sind Grenzmauern aus normalen Backsteinen, die man mit einem Bewurf versieht und mit Außenfarbe streicht. Umbra- und Siena-Töne wirken warm und einladend; Graugrün-Töne vermitteln einen eher kühlen, zurückhaltenden Eindruck. Wurden die Vorarbeiten sorgfältig ausgeführt, ist die Instandhaltung unproblematisch: abblätternde Farbe gehört zum Stil. Wem allerdings griechisches Inselweiß vorschwebt, der sollte sich auf einen alljährlichen Neuanstrich einstellen.

Der mediterrane Lebensstil ist gesellig und entspannt. Um ihn mit Freunden und Familie genießen zu können, muss man bequem sitzen und vor allem essen können. Der Tisch steht im Mittelpunkt dieser Aktivitäten; er sollte also groß genug sein für Schalen voller Tomaten und Feigen, Platten mit Salami und Körbe voll Brot.

Ein Gartentisch im klassisch französischen Stil besteht aus Schmiedeeisen; die passenden Stühle werden mit weichen Kissen gepolstert. Eine stabilere Alternative ist eine steinerne Tischplatte auf einem Holzfuß oder aber eine mit Zinkblech verkleidete Tischplatte, dazu gehören üppige Korbsessel für ausgedehnte Mahlzeiten.

Gegenüber oben
Schlichte Terrakotta-Töpfe, zum Bersten mit Pelargonien gefüllt, säumen die Kiesterrasse; Schatten spendende Bäume und hohe Zypressen bilden den äußeren Rahmen.

Gegenüber Mitte
Die aufragenden Steinsäulen der eisernen Pergola ahmen die Baumstämme im Hintergrund nach. Die Pflasterung und die niedrige Umrandungsmauer unterstreichen die geradlinige Form.

Gegenüber unten
Vor dem unaufdringlichen Hintergrund der Wand in Siena entfalten die Gipsreliefs, Marmorbüsten und Granitsäulen ihre volle Wirkung.

Oben rechts
Das oktogonale Marmorbecken bildet mit seiner Kieselumrandung den Mittelpunkt des sorgfältig geplanten, geometrischen Designs, das sich auf die Farben Schwarz, Weiß und Grau stützt. Farbe und Form sind einfallsreich kombiniert, um die Richtung zum Eingangstor zu weisen.

Mitte
Der Zitronenbaum ist Sinnbild des formalen mediterranen Innenhofes.

Unten rechts
Dieser schattige Hof ist in Quadraten aus Polygonalpflaster angelegt.

Stimmungswechsel lassen sich im Nu und für wenig Geld durch neue Tischtücher und Polster herbeizaubern. Die „indischen“ Paisleys der Provence zum Beispiel sind herrliche Kompositionen in Blau, Gelb und Magenta; Streifenmuster wirken edel in Orange, Grün und Taupe; schlichtes Vichy-Karo in Pink oder Grün leuchtet immer frisch.

Eine prominente Rolle im südländischen Garten spielen Terrakotta-Gefäße, und zwar möglichst große, in denen man die unerlässlichen Buchsbaum- und Lorbeerkugeln oder – falls das Klima es zulässt – Oliven, Zitronen und Feigen zieht. Kühn und unkompliziert eingesetzte einheitliche Pflanzgefäße in Gruppen oder Reihen entfalten die größte optische Wirkung, und ihre Bepflanzung sollte nach ähnlichen Grundsätzen gestaltet sein. Töpfe, aus denen Pelargonien in einer

Ein kleiner Cafétisch mit zwei Eisenstühlen ist der perfekte Platz fürs Frühstück im Freien oder ein trautes Gespräch über einer Flasche Wein. Beim Trödler oder im Second-Hand-Laden finden sich alte, rostige Möbelstücke, die häufig aus Parks oder Restaurants stammen, und im Designerladen oder bei einschlägig bekannten Prospektanbietern lassen sich schöne neue Stücke aufstöbern.

Dekorative Farbgestaltung spielt im mediterranen Garten eine große Rolle. Zwanglose Möbel, ob aus Metall oder Holz, werden je nach Laune oder Modetrend lackiert. Auch sie gewinnen durch sanft abblätternde Farbschichten ungemein an Charme.

Unten
Der rustikale Charme dieser Holzmöbel passt perfekt zu der Terrasse. Schatten spendet der dichte Baldachin aus Kletterpflanzen.

Ganz unten
Die lachsroten Wände und Stufen dieses Hofes mildern das intensive Sonnenlicht.

Rechts
Eine wuchtige Holzpergola filtert auf dieser Terrasse das Licht und dient Kletterpflanzen als Stütze. Das schmiedeeiserne Mobiliar polstern weiche blaue Kissen.

einzigen Farbe quellen, sind Klassiker entlang einer Balustrade oder auf Treppenstufen; auf der Terrasse wirkt eine Reihe von Orangenbäumen in großen Gefäßen oder duftende, riesige Rosmarinkugeln *(Rosmarinus)*.

Je nach Abbaugebiet variiert die Farbe von Ton vom französischen sanften Weiß bis hin zu den intensiven Rottönen der Toskana. Der Gesamteindruck wird dadurch unweigerlich stark beeinflusst; beim Kauf sollte man also seinen Bodenbelag und die Wände berücksichtigen. Die Formen reichen von geradlinigen, minimal konischen Töpfen für Kamelien, die lediglich ein breiter Rand schmückt, bis zu den weiten Zitruspflanzen-Gefäßen, die entweder in schlichter Form mit zwei aufgelegten Bändern oder üppig verziert mit Obst- und Blumengirlanden, Putten und Gottheiten zu haben sind. Ein Ölkrug mit seinem schmalen Fuß und engen Hals ist ein architektonisches Schmuckstück, als Pflanzgefäß jedoch eher

Unten
Die starke optische Wirkung dieser Terrasse geht auf ihre äußerste Sparsamkeit zurück. Die Reihe gleichartiger Terrakotta-Gefäße entlang der einen Seite ist einheitlich mit Pelargonien bepflanzt. Schwarzes Schmiedeeisen vereint das Mobiliar, während die Tischplatte aus rosa Granit den ruhigen Farbton des Bodens und der Säulen wieder aufnimmt.

Ganz unten
Bei warmem Wetter und Sonnenschein hält es niemanden im Haus.

unzweckmäßig, da sich der Wurzelballen einer etablierten Pflanze nicht wieder entfernen lässt.

Eine Spezialität Südfrankreichs ist glasierte Terrakotta in drei sanften Farbgruppen: dunklem Grün, tiefstem Blau und Senfgelb. Die hohe Anduze-Vase, die sich oben zu einem kurzen Hals und unten zu einem Sockelfuß verjüngt, ist ein Klassiker. Der betagte Eindruck so genannter „antikisierter" Stücke unterstützt die Wirkung. Auch in anderen Ländern werden glasierte Töpfe gefertigt; ihre Farben sind jedoch meist greller.

Ausschlaggebend für die authentische Umsetzung des mediterranen Gartendesigns ist die Wirkung der Pflanzen. In ihrer natürlichen Umgebung haben sie ihr Blatt- und Wurzelwerk an nährstoffarme Böden, geringen Niederschlag und brennende Sonne angepasst. Aus diesem Grund gedeihen sie nur an einem sonnigen Platz in gut durchlässigem Boden.

Links
Helle Tonziegel, im Fischgrätmuster verlegt, pflastern die Terrasse unter dem Kreuzgewölbe. Der Turm aus eckigen Terrakotta-Behältern seitlich des Torbogens ist ein originelles Regenrohr.

Unten
Der Mauerdurchgang rahmt den Blick; er ist eine unwiderstehliche Einladung, unter die glyzinenberankte Pergola hinauszutreten.

Rechts
Beeindruckende verwitterte Torflügel geben den Austritt auf diese Terrasse frei. Die handgefertigten italienischen „Zitrustöpfe“ aus Terrakotta sind wahre Klassiker. Obwohl ein jeder mit einer anderen Sorte bepflanzt ist, bleibt durch die konsequente Beschränkung auf dieselbe Form die Wirkung einheitlich.

Stark strukturierte graue und silbrige Blätter sind häufig, manche von ihnen behaart oder stachelbewehrt. Typische Beispiele sind Zypressen-Heiligenkraut *(Santolina chamaecyparissus)*, Perlkörbchen *(Anaphalis triplinervis)*, Edelraute *(Artemisia ludoviciana)* und die stachligen Edeldisteln *(Eryngium)*. Riesengroße Kardonen *(Cynara cardunculus)* bringen immense blaue Distelblüten hervor, die sich gut für winterliche Trockensträuße verwenden lassen. Blaue Blüten entfalten zwischen silbrigen Blättern eine atemberaubende Wirkung, allen voran die imposante Schmucklilie *(Agapanthus)*.

Verdunstungsarme, nadelartige Blätter, die denen der Koniferen ähneln, sind im Mittelmeerklima häufig anzutreffen, und viele von ihnen geben einen würzigen Duft ab. Vor allem Kräuter produzieren ätherische Öle, die den Blättern ihren aromatischen Duft verleihen. Hierfür bekannt sind vor allem Rosmarin, Salbei, Lorbeer, Majoran und Thymian. Feigenbäume *(Ficus)* und Echter Wein *(Vitis)* sind unerlässliche Schattenspender für die Holzpergola. Und um den mediterranen Lebensstil zu komplettieren, warum nicht auch ein Zitronenbaum und ein Orangenbaum auf der Terrasse, um das Frühstück zu verschönern?

Blühende Kletterpflanzen lieben eine heiße Sonnenwand, und ihre Auswahl ist immens. Es ist jedoch kein Geheimnis, dass die vielfarbigen Bougainvilleen an erster Stelle der Beliebtheitsskala stehen.

Auch die orangefarbenen Trompetenblüten von Campsis und stark duftender, weiß blühender Jasmin leisten einen überzeugenden Beitrag zur südländischen Atmosphäre.

DER JAPANISCHE GARTEN

Die Bühne ist ein Abhang, von grünem Moos dick gepolstert, an dem sich Pfade zwischen knorrigen Baumwurzeln und Steinen hindurch winden. Hoher Bambus raschelt im leichten Wind; das fein ziselierte Laub des Ahorns nimmt im Herbst leuchtend zinnoberrote Schattierungen an, mit denen goldene Karpfen in ruhigen Wasserläufen wetteifern. Man fühlt sich eins mit der Natur, Teil einer lebendigen Umwelt.

Im japanischen Garten geht es weit weniger um den Schmuck der Oberfläche als darum, was aus dem Boden emporsteigt. Er vermittelt ein Gespür für die Energie der Lebenskräfte, wobei Felsen und Baumwurzeln mindestens ebenso wichtig sind wie Blätter und Blüten. Diese Philosophie zeigt einen rückhaltlosen Respekt für die Schönheit und Reinheit der Natur.

Außerhalb Japans ist es zwar schwer, diesen Eindruck authentisch nachzubilden; seine Essenz jedoch lässt sich einfangen. Schlichtheit, Naturprodukte und Unverfälschtheit sind der Schlüssel zum Erfolg. Steine, Treibholz und Pflanzen bilden die Grundlage nachempfundener organischer Formen. Dieses Verfahren wird im Gartendesign als „geborgte Landschaft“ bezeichnet. Wer möchte, fügt einen Buddha oder eine „Geisterwohnung“ seinem Konzept hinzu, doch übertriebener Gebrauch von Symbolkitsch ist unbedingt zu vermeiden.

Oben
Die Kiefer wurde nach traditioneller Manier zur „Wolkenform“ gestutzt: Das verbleibende Grün erinnert an treibende Wolken. Eine Buchskugel und Felsen dienen als optische Verankerung.

Unten
Ein Schrein für eine Waldgottheit.

In Japan sind traditionelle Tempelgärten vor der atemberaubenden Kulisse moosbewachsener Hänge angesiedelt; hoch gewachsener Ahorn klammert sich mit gewundenen Wurzeln an gigantische Felsen. Die Blätter nehmen im Herbst sämtliche Schattierungen von Gold bis Blutrot an, und in Tümpeln und Teichen glitzern Scharen exotischer goldener Karpfen im Sonnenlicht.

Innerhalb der Tempelanlage werden einzelne Gartenbereiche oft durch einen bestimmten Stil oder eine Form zum auserkorenen Mittelpunkt. Hierzu gehören Bambuspflanzungen, Hintergrundgestaltung mit Ahorn, Moosgärten, sorgsam modellierte Hecken und Wolken-Formschnitt. Im Frühjahr sind die Blütenkaskaden gezogener Glyzinen eine besondere Attraktion; zur gleichen Zeit bildet das Meer von Kirschblüten in Japan Anlass zum Feiern. Diese Zeit ist so sehnsüchtig erwartet, dass Wettervorhersagen im ganzen Land über den aktuellen Stand der Blüte berichten.

Tempel sind meist geradlinig und so angelegt, dass jeder Raum über eine Veranda auf einen individuell gestalteten Hof blickt. Dieses „Aussichtsplateau“ dient der Meditation, häufig im Zusammenhang mit der Teezeremonie. Das Konzept der Bildkomposition, die vom Haus aus zu betrachten ist, lässt sich wirkungsvoll auf den Westen übertragen, vor allem bei begrenztem Raum.

Ein vernachlässigter Innenhof, eine Dachterrasse und sogar ein schmaler Balkon lassen sich unter Berücksichtigung einiger traditioneller Elemente in einen friedlichen, abgeschlossenen Bereich verwandeln. Sicht- und Windschutz bieten Bambusmatten und zu Rankgerüsten gebundene Bambusrohre. Eine sorgfältige Planung nutzt den vorhandenen Raum optimal und schafft unter Berücksichtigung von Gewicht, Höhe, Form und Textur asymmetrische und dennoch ausgewogene Bilder.

Auch Holz in Form von Bodenplanken passt zum japanischen Stil. Ein erhöht gelegener Sitzplatz am Haus mit wechselnden Ebenen schafft eine Verbindung zu abgestuften Pflanzungen und einem kleinen Teich. In einem größeren Garten lässt er sich zu einem Plankenweg verlängern.

Klarlinige Pflanzen wie Bambus bereichern den Garten mit ihrer eleganten Gestalt und ihrem feingliedrigen, raschelnden Blattwerk; Bambus existiert in vielen Wuchshöhen und Farben, bis hin zu schwarzem Rohr und gestreiften Blättern. Ein Dickicht oder eine Hecke aus Schwarzrohrbambus *(Phyllostachys nigra)* bildet in milderen Gegenden einen eleganten lebendigen Sichtschutz. Ziergräser und Seggen lassen sich ebenso einbinden wie der prähistorische Raue Schachtelhalm *(Equisetum trachyodon)*. In schattigen, feuchten Ecken gedeihen Moospolster und Farne.

Oben
Die herabstürzende Kaskade hat eine starke Dynamik; im Teich kommt das Wasser zur Ruhe.

Unten
Das kleine reetgedeckte Versteck auf der Lichtung ziert eine schlichte Veranda, auf der sich die Stille des kühlen Teiches genießen lässt.

Oben rechts
Der Tastsinn gibt der theatralischen Erscheinung dieser handbearbeiteten Steine eine zusätzliche Dimension.

Unten rechts
Ein Steg aus rohen Holzplanken überquert den schattigen Tümpel; die exotischen Pflanzen und das Speirohr aus Bambus deuten auf einen Ruhepunkt in der Mitte.

Gegenüber (oben links)
Die feinsinnige Skulptur aus sorgfältig aufgeschichteten flachen Kieseln imitiert die gestreiften Ähren des Zittergrases *(Briza)*.

Gegenüber (oben Mitte)
Ein verschmitzter Buddha hat es sich im Farnbett gemütlich gemacht.

Gegenüber (Mitte links)
Die Steinlaterne ist ein wichtiger Bestandteil orientalischen Gartendesigns.

Gegenüber (Mitte rechts)
Wasser, das über farnbewachsene Steine rauscht, ist sicht- und hörbares Sinnbild der Liebe zur Natur.

Gegenüber (oben rechts)
Die reich gestaltete Steinlaterne bildet einen unübersehbaren Blickfang zwischen Garten und Wald.

Gegenüber (unten)
Die leuchtend bunte Brücke fungiert als bewusst auffälliges Bindeglied zwischen den beiden Gartenteilen. Speziell entworfene goldene Abschlusskugeln betonen den schwungvollen Bogen.

Immergrüne früh blühende Kamelien und stark strukturierter japanischer Ahorn *(Acer palmatum)* mit beeindruckenden Herbstfarben lassen sich einzeln und in Gruppen anordnen. Wen das Projekt auf Seite 140–143 inspiriert, der stutzt einen ausgewählten Buchs oder eine Konifere zur Wolkenform. Töpferware ist ein traditionelles Medium für strategisch platzierte Pflanzgefäße. In Gefäßen lassen sich stark strukturierte Palmen und Kiefern ebenso herausstellen wie Ziergräser.

Ein Gefühl der Ruhe und Bereiche der inneren Einkehr sind wichtige Bestandteile des japanischen Gartens. Wasser, der Ursprung allen Lebens, sollte immer vorhanden sein; es unterstützt das Ambiente. Bereits in seiner einfachsten Form, einer wassergefüllten Steinschale, die Vögel zum Trinken lädt, wirkt es beruhigend. In Japan wird eine solche Trinkschale über ein Bambusrohr aus einer Quelle gespeist, und eine Schöpfkelle aus Bambus lädt die Vorübergehenden zu einer Erfrischung. Mit einer kleinen Pumpe lässt sich diese Idee unschwer in einen attraktiven Blickfang verwandeln.

Wasser in Bewegung vermittelt ein Gefühl von Frische und Lebenskraft. Wasser, das über Kiesel rinnt, bringt eine wunderbare Verbindung von glitzernden Lichtreflexen und dem Geräusch plätschernden Wassers. Eine einfache Version lässt sich recht unproblematisch mit einer flach verlegten Teichfolie neben einem Kies- oder Plankenweg konstruieren. Am einen Ende quillt Wasser zwischen Steinen empor, die hoch gestellt gerade den Wasserspiegel durchbrechen. Das Resultat ist wohltuend bewegtes Wasser ohne die Notwendigkeit eines komplizierten Kreislaufsystems.

Im traditionellen japanischen Garten werden Kiesel und Flusssteine häufig in geometrischen Mustern zu Pflaster verlegt; aufgrund der Unregelmäßigkeit des Materials bleibt die Wirkung informell. Je nach Herkunft reichen die Farben von fast Weiß über Rosa- und Grautöne bis hin zu beinahe Schwarz; Regen intensiviert die Farben und verleiht ihnen Glanz.

Sowohl für modernes wie auch für rustikales Design findet der Einsatz von Steinen und Kieseln im Westen steigendes Interesse. Mit ihrer abgerundeten, unregelmäßigen Form eignen sie sich hervorragend für kreisförmige Anlagen und für Beetlücken. Große

Kiesel sind zwar teurer als Kies, aber in Form und Oberflächenwirkung angenehmer; ihre Größe reicht von 1 bis 10 cm, wobei sich für größere Flächen am besten die kleineren eignen.

In Japan spielen Steine und Felsen eine besondere Rolle, und für ein besonders begehrtes Einzelstück können große Summen den Besitzer wechseln. Die berühmten Steingärten, von manchen Menschen als kalt und karg empfunden, spiegeln einen einzelnen Aspekt der buddhistischen Zen-Philosophie wider; von ihnen kann man sich zu einer eigenen Interpretation inspirieren lassen. Hierfür wählt man wenige besondere Steine von unterschiedlicher Größe, Farbe und Wirkung aus. Sie werden an ein oder zwei Stellen in asymmetrischer Anordnung und ungerader Zahl, vorzugsweise drei oder fünf, aufgestellt; die restliche Fläche wird mit einer Schicht kleinerer Kiesel bedeckt. Mit einer Harke versieht man diese mit einem Muster aus parallelen Linien und von den Felsen ausgehenden Spiralformen. Um die Steinblöcke können grüne Moospolster gebettet werden, doch um der Authentizität willen ist von weiteren Pflanzungen abzusehen.

Gegenüber (oben)
Hohes Chinaschilf *(Miscanthus)* umspielt eine auffallende Zen-inspirierte Maske.

Links
In diesem – einem Tempel-Steingarten nachempfundenen – Binnengarten führen interessant gestaltete Wege aus Baumscheiben über den Kies. Links, hinter einer Brücke über einen winzigen Teich ragen drei ansehnliche Steinwächter auf; der andere Weg führt zu einem geschützten Freisitz.

Unten
Ein Windspiel aus Bambus ist hübsch anzusehen und beruhigt mit seinem sanften Klang.

Der Küsten-garten

Ein breiter Sandstrand, der in schäumende Brandung übergeht, stabile kleine Häuschen in Eiskremfarben, ringsumher Sanddünen und windgepeitschtes Gras – diese Landschaft ist ungezähmt, wild und frei und wird von Künstlern und Naturliebhabern verehrt. Wer gerne einmal dem Alltag entflieht, schafft sich einen Garten, in dem ihm die Seeluft um die Nase weht.

Links
Fundstücke eignen sich oft ausgezeichnet für zwanglos improvisierte Skulpturen. Hier weckt ein Stillleben aus Bootsriemen und einer Kieselgirlande vor einer Plankenwand Erinnerungen.

Rechts
In diesem Küstengarten tanzen leuchtend bunte Mohnblumen in einem Kieselkreis.

Unten
Maritimen Stalagmiten gleich ragen steingekrönte Treibholzpfeiler aus den Wogen von Goldmohn *(Eschscholtzia californica)* und Meerkohl *(Crambe maritima)* auf.

Allein der Gedanke an Meer und Strand ruft die Erinnerung an fröhliche Ausflüge und belebende Brisen wach; was spricht also dagegen, einen Garten als ständige Erinnerung an diese Sonnentage ein wenig maritim zu gestalten? Auf Strandspaziergängen kann man vor allem an verlassenen, ungeschützten Stränden spannendes Treibgut entdecken. Taue, Fischernetze, Schiffsplanken, frei gesetzte Hummerkörbe und gigantische Kabelrollen sind alle im Bereich des Möglichen. All diese Objekte werden im Küstengarten zu neuem Leben erweckt.

Bei aller Sammelleidenschaft darf jedoch die Ökologie nicht vergessen werden. Man darf schauen, untersuchen und sich inspirieren lassen, muss aber bedenken, dass Muscheln, Kiesel und Steine Teile einer Naturlandschaft sind, die sich in einem empfindlichen Gleichgewicht befindet. Man darf sich nicht einfach bedienen; in vielen Ländern ist sogar jegliches Sammeln am Strand und im Wasser verboten, selbst bei geringfügigen Mengen. Es ist daher anzuraten, sich an einen zugelassenen Lieferanten zu wenden, bei dem alle benötigten Materialien erhältlich sind.

Rechts
Blauraute *(Perovskia)* mildert die markante Struktur von Agaven und Edeldisteln *(Eryngium)*.

Unten
Die flache Strandlandschaft erhält durch stein- und kiesgerahmte Parterres eine formale Struktur. Es muss darauf hingewiesen werden, dass an solcher Stelle jegliche Pflanzung nur unter Einbeziehung von reichlich organischer Materie möglich ist. Leuchtende Mohnblumen ergänzen die bleichen Hügel aus Strohblumen *(Helichrysum)* und Heiligenkraut *(Santolina)* mit der nötigen Farbe und unterstreichen das Gelb der Tür- und Fensterrahmen.

Durch Wind und Wellen ist die Küste ständig in Veränderung; der Küstengarten empfindet dies mit informell geschwungenen Linien nach. Da Geradlinigkeit und regelmäßig angelegte Beete hier fehl am Platze sind, wird selbst die Bepflanzung in Wogen angelegt. Diese kann man auf Strandkies setzen, der in seiner einfachsten Variante aus preisgünstigem Flintsplitt besteht. Eine hübschere, allerdings auch teurere Alternative sind Kiesel, von wenigen Millimetern Durchmesser bis hin zu größeren Steinen. Diese vermitteln einen natürlichen, unverfälschten Eindruck mit dem zusätzlichen Bonus subtiler Farbvariation.

Die Pflanzenwahl sollte einer windigen Küstenlandschaft entsprechen. Viele unterschiedliche Gräser stehen zur Wahl, von kurzen Polstern bis zu hohen, wogenden Grasflächen. Biegsame Halme in Farben von Hellgrau über Grün bis zu Gold und Weiß tragen noch im Winter faszinierende, im Wind raschelnde Ähren. Diese spannende Pflanzenfamilie erweitert den Wortschatz der Beetgestaltung um unerwartete Neudefinitionen von Farbe, Textur, Form und Klang.

Hartholz oder imprägniertem Weichholz bestehen. In feuchtem Klima werden sie oft rutschig und verrotten leicht; eine gerillte Oberfläche bietet ebenso Rutschsicherheit wie regelmäßiges Schrubben. Die Tragkonstruktion sollte in Beton gesetzt werden, und direkter Bodenkontakt der Holzkomponenten ist unbedingt zu vermeiden. Auch ein geeignetes Holzschutzmittel sollte regelmäßig aufgetragen werden. Trittstufen sollten entweder mit Maschendraht belegt werden

Das maritime Thema führt der Übergang vom Garten zum Haus mit einer Beplankung aus Holzdielen weiter. Eine höher gelegene Terrasse ist ein herrlicher Sitzplatz, von dem aus man den Garten betrachtet. Wer möchte, spannt ein Schatten spendendes Sonnensegel über die Dielen, das sommerliche Mahlzeiten im Freien umso angenehmer macht. Mit Plankenwegen, die durch Stufen miteinander verbunden sind, lassen sich unterschiedliche Höhen und Perspektiven herbeiführen.

Sicherheit und Haltbarkeit sind wichtige Überlegungen bei allen Außenbauten. Die Holzdecks sollten aus wetterfestem

Oben links
Natürliche Assoziationen wie diese in Laubsägearbeit gestalteten Seetangwedel passen gut zu ungezähmter Natur.

Links
Die Strandhütte wird zur Abstellmöglichkeit.

Oben
Auf solch einem Plankenweg auf Stelzen lassen sich Bodenwellen und morastige Senken leicht überqueren. Von hier schaut man weit die Küste hinauf, ohne die Pflanzenwelt zu stören.

oder eine körnige rutschfeste Oberflächenbehandlung erhalten. Wirkungsvolle Balustraden und Geländer lassen sich aus dickem Tau fertigen, das durch Holzpfeiler gezogen wird; für kleinere Kinder sollte außerdem unbedingt in niedriger Höhe ein fester, horizontaler Handlauf montiert werden.

Die Farben dieses maritimen Stils sind von Sonne und Wind gebleicht – das verblichene Blau geliebter Jeans, das Grün von Grasnelken *(Armeria maritima)* und Seetang. Die

Textilien sind einfarbiges oder charakteristisch gestreiftes Segeltuch, Leinwand und Netze. Die Möblierung bleibt leger: gestreift bezogene Liegestühle, eine Hängematte zwischen zwei alten Masten, ein umgedrehtes Ruderboot auf dem Kies als ausgefallene Sitzgelegenheit.

Das Gartenhäuschen verwandelt ein Anstrich mit senkrechten Streifen in Blau und Weiß in eine Strandhütte. Wer den Platz hat, erweitert es um eine Veranda und zweckentfremdet es als Studio – ein Versteck, in das man sich zurückziehen kann, um sich seinen Träumen vom Meer hinzugeben.

Oben rechts
Küstenbauten müssen heftigen, salzbeladenen Seewinden und starkem Sonnenlicht standhalten. Imprägniertes, naturbelassenes Holz ist relativ wartungsfrei und fügt sich optisch in die Meereslandschaft ein.

Rechts
Der knorrige Stuhl wurde aus sorgfältig ausgewählten Astgabeln konstruiert. Er passt genau in die wasserumspülte Landschaft.

Der moderne Garten

Aus unserer zunehmend komplexen Lebensweise entsteht ein wachsendes Bedürfnis nach Schlichtheit und Beschränkung. Der moderne Garten ist auf Oberfläche und Gestalt reduziert; hieraus ergibt sich eine von Komplexität befreite Umgebung, die zugleich stimulierend und beruhigend ist. Die Wirkung entsteht durch sparsam gebrauchte Hightech-Materialien und eine komplementäre, gezielt eingesetzte Pflanzpalette.

Links
In die unterschiedlichen Ebenen sind ein erhöhter Swimmingpool und abgestufte Beeteinfassungen, beide aus Beton gegossen, raffiniert eingepasst. Die Terrakotta-Kacheln des Treppenbelags finden sich auf der Umrandung des Essbereichs wieder.

Unten
Kühne Stahlröhren ragen aus dem Pool auf; das optische Gleichgewicht stellt der massige Drachenbaum *(Dracaena draco)* her. Blaue, geradlinige Durchgänge aus Stahlbeton und horizontales Gitterwerk bilden den Hintergrund.

Gartendesign ist dann am erfolgreichsten, wenn es die umgebende Architektur so widerspiegelt, dass Haus und Garten sich gegenseitig ergänzen. Der moderne Garten passt daher am besten zu Bauten aus der Zeit des Modernismus (1910–1940) oder aber aus dem späten 20. Jahrhundert. Dessen ungeachtet kann auch ein anderes Gebäude von schlichter Formalität diesen Stil zum Tragen bringen.

Der Ansatz ist minimalistisch, mit dem Hauptaugenmerk auf schlichte Form, hochwertige Materialien und sorgfältige Handwerksarbeit. Fortschritte in der Bautechnologie haben zur Neuentwicklung einer ganzen Reihe spannender Materialien und neuer Verfahren der Oberflächenbehandlung geführt.

Stahl, ob glänzend poliert, mit Rostpatina oder als Edelstahl, wird als Blech,

als Geflecht und in Stangenform verarbeitet. Seine Einsatzmöglichkeiten reichen von einer tragenden bis zur rein dekorativen Funktion, von Stufen und Geländern über Bögen und Pergolen bis hin zu Möbeln und Behältern. Zink dient der Oberflächenveredelung von Stahl; als Blech eignet es sich für Behälter und schützende Oberflächen.

Interessante Formen lassen sich aus Beton gießen, dessen Oberfläche man verschiedenartig strukturieren kann; er kommt für Böden, Wände und Behältnisse zum Einsatz. Granit wird zu geschliffenen oder gehämmerten Wand- und Bodenplatten verarbeitet. Aus Glas und Spiegel sowie Acrylglas werden Sichtschutz und Skulpturen gefertigt.

Im Garten von heute wird gern auf die japanische Gartenphilosophie angespielt; daher dürfen auch adäquate natürliche Bestandteile wie Steine und

Links und oben
Die Vielseitigkeit moderner Materialien ermöglicht die Ausführung komplizierter Entwürfe. Die zwischen Aluminiumpfeilern aufgespannten Nylon-Baldachine sind robust, praktisch und von optischer Leichtigkeit.

Rechts
Dieser Wassergarten mit gekacheltem Rand wurde an Ort und Stelle in Beton gegossen. Hoch über dem imaginären Wasser tanzen springende Lachse aus Stahl.

Oben
Reduziertes Design, die Wirkung von Licht und Schatten und die Vielseitigkeit von Beton als Baumaterial lassen sich nicht besser veranschaulichen.

Mitte
Säulen aus Stahldraht begleiten den Laufsteg, der mit gelben Gitterrosten das Wasserbecken überquert.

Unten
Horizontale Stufen aus Kalkstein kontrastieren mit der starken Vertikalen der Bepflanzung.

Kopfsteinpflaster, Holz und Bambus einbezogen werden.

Wasser ist ein entscheidendes Element des Gartendesigns; mit ihm halten Licht, Reflexe, Klang und Bewegung Einzug. In fantasievoller Kombination mit Baumaterialien ergeben sich bei einem modernen Design ganz neue, dramatische Effekte. Ein origineller Vorschlag für eine moderne Brunnenplastik, die leicht nachzubauen ist, findet sich auf Seite 152–153.

Pflanzen können im modernen Garten den unbelebten Gartenelementen nur die Waage halten, wenn sie ebenso plastisch wie gärtnerisch eingesetzt werden. Sie sind unter ganzjährigen architektonischen sowie ästhetischen Gesichtspunkten auszuwählen; die Kreativität verschafft sich durch die Gestaltung einheitlicher Pflanzungen in Blöcken oder Kurven Ausdruck. Größere Einzelexemplare, eventuell in Gefäßen, ziehen besonderes Augenmerk auf sich.

Pflanzen mit einer stark vertikalen Betonung wirken deutlich strukturierend. Bambus existiert in vielerlei Form, von 30 cm bis 3 m hoch, das Rohr in Farben von Gelb über Grün bis Schwarz und die Blätter sowohl einfarbig als auch variegiert. Hoch wachsende Sorten wirken ausgezeichnet vor hohen Mauern und können einen wirksamen Sichtschutz bilden; niedrige Sorten sind eine gute Wegeinfassung. Ein hohes Gräsermeer sieht fantastisch aus, besonders wenn der Wind es in wogende Bewegung versetzt. Als Beetfüllung wirken Kissen bildende Grasarten mit grauem, haarfeinem Blatt. Im Winter kommen die glänzenden, unterschiedlichen Ährenformen der Gräser gut heraus.

Gegenüber (rechts)
Diese modern gestaltete Terrasse gehört zu einem Gebäude aus dem 19. Jahrhundert.

Unten
Wasser ergießt sich in breitem Strom aus der massiven, rostfarben gestrichenen Zwischenwand, die den schmalen Kanal dominiert. Gewicht und Gestalt der Zwischenwand dienen dem nahen Baum als visuelle Stütze.

Hoch ragen die grünen bis schwarzroten, oft gestreiften Blattschwerter des imposanten Neuseeländer Flachses *(Phormium)* auf; im Winter überragen ihn beeindruckende, holzkohlenschwarze Samenstände auf hohen Zickzackstängeln. Yuccas bringen im Spätsommer aus ihren grünen Rosetten spitzer Blätter riesige, hoch aufragende, cremeweiße Blütentrauben hervor.

Sehr ornamental ist die unglaublich pflegeleichte fleischige Hauswurz, die praktisch kein Erdreich und nur wenig Wasser benötigt. Zwanglos auf Kiesflächen oder in Schalen gesetzt, wirken ihre flachen Rosetten durch Größenkontraste.

Im minimalistischen Garten lässt sich eine Skulptur wie in einer Galerie in Szene setzen; auch mit aufregenden neuen Möbel- und Gefäßformen kann man hier experimentieren. In dem puristischen Rahmen kommt ein jedes ausgestelltes Objekt zu voller Geltung; man sollte sich daher die Zeit nehmen, das absolut richtige Stück aufzuspüren.

Glücklicherweise gibt es Designer, die bei der Ausführung neuer Ideen speziell den Garten im Sinn haben; auf Garten- und Dekorations-Schauen hat man die besten Aussichten, auf sie zu treffen. Man kann zum Beispiel eine Spiegelglas-Pyramide in Auftrag geben, die als exakt kalkulierte Sonnenuhr fungiert und auf die das Design eines ganzen Innenhofes ausgerichtet sein könnte. Auch Gebrauchsgegenstände kommen in neuer Gestalt daher: ein Grill aus Stahl und Stein, so schön, dass es beinahe ein Verbrechen scheint, ihn zu benutzen, oder ein Wärmestrahler, der einem zusammenklappbaren Sonnenschirm gleicht.

Gartenmöbel aus Aluminium und Nylon, Liegen aus schichtverleimter Eiche und winzige Acrylstühle wetteifern alle um Aufmerksamkeit. Dies sind wohltuend neue Konzepte, häufig als leichte, klappbare Lösung für das moderne Leben auf engem Raum gedacht.

Gegenüber (unten links)
Die hoch aufragende transparente Plastikröhre dieses aparten Wasserspiels lässt einen ungewohnten Blick auf das sprudelnde Nass zu.

Mitte
Diesen eleganten Pool dominiert eine Zwischenwand aus Beton in kühnem Pink, der ein Wasserfall entspringt. Horizontale Design-Elemente des Hauses finden sich im Türsturz, der Wasserrinne und dem Sprungbrett wieder.

Unten
Diesen Innenhof belebt ein stilisierter Wasserfall aus durchscheinenden Glasbausteinen und einer „Kaskade“ aus Spiegelmosaik. Die hellgelben Wände und der sandfarbene Kies reflektieren und verstärken das Licht. Die Grünpflanzen heben sich vor der Wand besonders gut ab.

Bepflanzte Container können selbstständig als Designelement fungieren; der reduzierte Look, der bei modernistischen Gartendesignern so populär ist, lässt sich mit hohen, schmalen Gefäßen und niedrigen, plastischen Pflanzen erzielen. Zink, glänzend oder patiniert, ist als Material zur Zeit besonders beliebt. In schlichter Rechteck-, Kreis- oder schlanker Kegelform verbindet es Schönheit mit Funktion. In dem Projekt auf Seite 118–121 wird ein einfacher Holzcontainer mit einem attraktiven Blechgitter versehen.

Auch Beton mit neuartigen Oberflächen und Endbehandlungen wird immer begehrter. Terrakotta hatte schon immer einen Platz im Garten; hier wählt man am besten überdimensionierte Stücke, bei denen sich die Ornamentierung auf einen schlichten Rand beschränkt.

DIE ELEMENTE

Landschafts- und Gartendesign sind strenge Disziplinen, in denen sich vielschichtige technische und künstlerische Fertigkeiten und Kenntnisse verbinden. Hierzu zählen Gartenbau, Bauhandwerk, Geschichte, Ökologie, Kunst und räumliches Design. All dies ausgewogen miteinander zu verbinden erfordert sorgfältiges Überlegen und Urteilsvermögen; klar ist, dass selbst der kleinste Gartenhof von besonderer Sorgfalt in den Details profitiert.

Nachdem nun eine Reihe unterschiedlicher Gartenstile vorgestellt wurde, hat so mancher vielleicht schon eine Vorstellung von seinem persönlichen Stil gewonnen, hat sich vielleicht sogar zur Bepflanzung Gedanken gemacht und einen Plan ausgearbeitet. Sobald dies getan ist, kann man sich auf all die Details konzentrieren, die in ihrer Gesamtheit das Bild vervollständigen.

Die Suche nach Lieferanten, die Wahl geeigneter Objekte und das Ersinnen besonderer Effekte beanspruchen viel Zeit; die Informationen in diesem Buch sollen dabei helfen, die unterschiedlichen Möglichkeiten abzuchecken und so schneller zum Ziel zu gelangen. Auf diesem Gebiet kann man sehr viel Kreativität entfalten, und wir haben es so interessant wie möglich gestaltet.

Wir möchten Ihnen in diesem Kapitel anhand von Fotos und Texten die Raumwirkung von Stufen, Brücken und vertikalen Strukturen zeigen und angemessene Materialien vorstellen. Der Einfluss von Verlegemustern und Oberflächen beim Pflastern und Kacheln wird gleichfalls angesprochen. Geeignete Designs und Materialien für Möbel und Behälter schließlich sollen Ihnen eine passende Auswahl ermöglichen.

Momentan ist ein rasant ansteigendes Interesse an Gartenornamentik zu beobachten; ständig werden neue Galerien und

Links
Durch den Einsatz architektonischen Grüns, das eine enge Verbindung mit den massiven Holzflächen und der Pergola eingeht, gewinnt der Hof im japanischen Stil außerordentlich an Präsenz. Das Gelb des Sonnenschirms findet sich in den gelben Blütenkerzen des Kreuzkrauts *(Ligularia przewalskii)* wieder. Ein ausgezeichnetes Beispiel dafür, welchen Unterschied ein feines Gespür für Details ausmacht.

Parks eröffnet. Dieses spannende, komplexe Gebiet wird eingehend erörtert und von vielen Fotos anregender moderner Arbeiten begleitet. Wer hingegen das Bedürfnis verspürt, selbst kreativ tätig zu werden, findet Tipps, wie er gefundenes und wiederverwertbares Material umgestalten kann. Auch der Pflanzenkünstler kommt nicht zu kurz; er findet Ideen zum Formen und für Stillleben.

Für den praktischen Anleitungsteil dieses Kapitels sind faszinierende Projekte – von ganz einfachen bis zu anspruchsvolleren – bei talentierten Künstlern in Auftrag gegeben worden; es kommen sehr unterschiedliche Materialien zum Einsatz, von Weide bis Holz, von Metall bis zu Mosaikfliesen. Die Anleitungen für diese Projekte sind von vollständigen Material- und Werkzeuglisten begleitet. Es wäre schön, wenn sie dazu anregen, das eine oder andere Projekt nachzuarbeiten oder zumindest sich zu einer eigenen Interpretation inspirieren zu lassen.

Oben
Die romantische, mit *Solanum jasminoides* 'Album' berankte Laube aus Eisendraht ist ein äußerst wirkungsvoller Blickfang. Die reich gemusterte gusseiserne Bank setzt der Komposition das i-Tüpfelchen auf.

Oben rechts
Pelargonien begleiten diese antiken Stufen. In den Alkoven sind Büsten als optische Unterbrechung platziert; sie lenken das Augenmerk auf die darüber gelegene Terrasse.

Rechts
Den ungewöhnlichen Bodenbelag in diesem Laubengang bildet ein rasch verlegtes Streifenmuster aus Planken und grobem Kies.

Mitte
Schwarze, hochkant gesetzte Flusskiesel sind der auffällige Mittelpunkt eines Pflasterdesigns in Mischtechnik aus Kieseln, Stein und Ziegeln. Die wechselnden Oberflächenstrukturen sind von einer Grünpflanzung umgeben.

Der Bodenbelag spielt im Garten eine viel größere Rolle als nur die einer begehbaren Oberfläche. Er ist den Fußböden und Teppichen eines Innenraums vergleichbar. Im Haus wird der Bodenbelag passend zu den Tapeten, den Gardinen und den Möbeln gewählt; draußen soll er die Architektur und das Baumaterial des Hauses, die Garteneinfriedung und die Bepflanzung ergänzen. Wie er sich unter den Füßen anfühlt, ist ebenfalls wichtig – ist er eben oder holprig, glatt oder rutschsicher? Stehen Möbel fest darauf, ohne zu kippeln?

PFLASTER UND WEGE

Unten
Gehwegplatten mäandern über eine weite Rasenfläche; sie verbinden das Haupthaus optisch mit dem Gästehaus.

Unten rechts
Einfühlsam gelegte Ziegel betonen die Zartheit und den Rhythmus der Staudenrabatte. Die Ziegel wurden bewusst nicht mit Mörtel verfugt, damit eingesamte Kräuter die natürliche Wirkung verstärken können.

Dekoratives Pflaster spielt schon seit alters her eine Rolle in Außenanlagen. Die Römer schufen aus Marmormosaik umfassende figürliche und geometrische Bodengemälde. Mit der Komplexität von Mosaiken werden wir uns an anderer Stelle auseinander setzen und uns hier stattdessen auf die Prinzipien der Bodengestaltung mit Materialien unterschiedlicher Färbung und Textur konzentrieren. Dieser breit gefächerte Bereich umfasst Ziegel- und Kopfsteinpflaster, Holz, Kies und Kiesel, Stein und Schiefer.

Die Wahl des Materials bestimmt, welche Wirkung erzielt wird; auch seine Eignung für den jeweiligen Zweck ist zu berücksichtigen. Es wäre sinnlos, in einem Naturgarten Yorkstein zu ver-

Das Erscheinungsbild des Bodenbelags ist für den Gesamtplan entscheidend. Ein eklektischer Garten wird durch die vereinheitlichende Wirkung eines schlichten Belags neutralisiert, während ein raffiniertes Muster oder eine interessante Oberfläche die Steifheit von Formgehölzen aufhebt.

Pfade haben eine wichtige richtungweisende Funktion; sie führen im Garten von einem Erlebnis zum anderen. Die Terrasse ist der Ort, wo man im Freundes- und Familienkreis versammelt, wo man sich ausruht und feiert.

legen, und überdies wäre er hier vollkommen fehl am Platz. Ebenso absurd wären Eisenbahnschwellen zu einem historischen Stadthaus. Haltbare Werkstoffe wie Granit oder Beton sind das Material der Wahl für verkehrsbelastete Bereiche; Kies und Kopfsteinpflaster sind dort geeignet, wo man nicht mit Abnutzung rechnen muss.

Die Form des Materials bestimmt, welche Muster sich erzielen lassen. Backstein ist einer der vielseitigsten und am leichtesten verfügbaren Baustoffe und in vielen Farbtönen von Rötlich bis Schwarzgrau erhältlich. Aufgrund seiner rechteckigen Form eignet er sich für vielfältige Verlegemuster, und die Schattierungen lassen sich als Designelement nutzen. Man kann ihn in Reihen, im rechten Winkel oder im Zickzack legen, hochkant oder als Grenzstein sogar aufrecht. Eine Bordüre aus dunklem Ziegel bildet eine dekorative Abschlusskante für einen Weg aus Naturstein.

Hochgebrannter Pflasterklinker eignet sich am besten als Bodenbelag, da er äußerst hart und haltbar ist und keine Feuchtigkeit aufnimmt. Sein leicht glänzendes, an Industrie-Design erinnerndes Äußeres macht ihn ideal für formale Situationen, und besonders das sehr dunkle Schwarzviolett kann in einer modernen Umgebung etwa in Kombination mit schwarzem Schiefer, ausgesprochen elegant wirken. Sprödere, handgeformte Ziegel sind nicht unbedingt als Bodenbelag zu empfehlen, doch ihre weichere Form macht sie für manche klassische Situation ideal. Mit zunehmendem Alter der Pflasterung verbreitet Moos in den Fugen einen rustikalen Eindruck. Billigware ist nach Möglichkeit zu meiden; sie ist weder attraktiv noch praktisch.

Steingut- und Terrakotta-Platten sind ebenfalls ein beliebtes Bodenfabrikat. Je nach Herkunft und Brennverfahren reichen die Farben von hell Sandfarben bis leuchtend Rot. In kälteren

Links
Auskehlungen aus roten Ziegeln, die diesen Weg aus gespaltenen Natursteinplatten rahmen, sind ein nachdrücklicher Verweis auf die Stufen und den Sockel im Hintergrund. Die fantasievolle Randgestaltung mit Schopflilien *(Eucomis)* unterstreicht die Aussage.

Mitte links
Holzplanken sind die natürlichen Begleiter dieses Sommerhauses in Küstennähe. Quer verlegte Hölzer bringen Bewegung ins Bild.

Oben
Alte Ziegel sind eigentlich kein haltbarer Wegbelag, doch dieser Cottage-Garten wirkt damit bezaubernd unbefangen; die Ziegel ergänzen Material und Alter des Gebäudes passend.

Links
In großen Gärten sind Pflasterflächen oft unpassend oder zu kostenintensiv. Dieses von Kiesflächen umgebene Inselbeet erhält durch eine saubere Graseinfassung formalen Charakter.

Oben
Mit Plankenwegen sind Höhenunterschiede problemlos ausgeglichen. Die klaren Linien und die zurückhaltende Bepflanzung machen das Wasserbecken zur Verbindung zwischen Terrasse und Garten.

Unten
In diesem romantischen Garten dient Ziegelsteinpflaster im Fischgrätmuster als lebhaft-lockerer Wegweiser über die Kiesfläche.

Gegenden sollte darauf geachtet werden, dass sie bei hohen Temperaturen gebrannt und somit frostfest sind; fachmännische Verlegung verhindert, dass sie reißen oder sich lösen.

York- und andere Sandsteine, Kalkstein, Granit und Schiefer sind wunderschön, doch teuer. Die Schönheit natürlicher Materialien liegt in ihren Farbvariationen, ihrer Patina und ihrer Oberfläche, die häufig mineralische und fossile Verfärbungen aufweist. Unterschiedliche Bearbeitungsmethoden beeinflussen ihr Erscheinungsbild und ihr Verhalten; mit den Jahren nehmen sie weichere Formen an.

Werden Sandstein und Schiefer zu rechteckigen Platten geschnitten, so erhält man eine sehr glatte Oberfläche, und die Sedimentstruktur wird sichtbar; sie passen zu moderner wie klassischer Architektur. Gespaltene Platten mit unregelmäßigen Oberflächen und Kanten dagegen zeigen ein weniger stark gegliedertes, rustikales Erscheinungsbild.

Granit zählt zu den härtesten Mineralien; am häufigsten trifft man ihn in Form von Pflasterquadern an. Die Quader werden gewöhnlich aufrecht in Mörtel gebettet, sodass eine grob behauene, quadratische Fläche sichtbar ist. Üblich ist die Verlegung in geraden Reihen, Diagonalen oder Bögen; ihre Größe und Form lässt aber auch eine konzentrische Verlegung zu. Rundliches Material wie Kiesel- und Kopfsteinpflaster lässt sich gut mit Details aus Granitpflaster kombinieren.

Sind Kosten ein Faktor, sollte man die hochwertigeren Kunststeine in Betracht ziehen. Es lassen sich ausgezeichnete Versionen von Yorksteinplatten, Granitpflaster und Terrakotta finden. Auch ein Aggregatgemisch kann verlockend sein, bei dem sich ausgesuchte Oberflächenstruktur und Farbe mit exzellenter Haltbarkeit verbinden.

Beton wird vor Ort gegossen; wer künstlerische Ambitionen hat, experimentiert mit Oberflächen, Mustern und ausgefallenen Zuschlagsmaterialien. Dieser äußerst vielseitige Werkstoff kann mit beinahe jedem Material angemischt werden.

In zangloser Umgebung oder in Waldgärten bietet sich die Gelegenheit, mit Holz zu experimentieren. Baumscheiben sind hervorragende Trittplatten in Gras, und lange Holzabschnitte, wie Bahnschwellen, kann man dicht nebeneinander oder abwechselnd mit feinem Schotter oder Rindenmulch verlegen.

Oben
Schiefer passt mit seiner Schichtstruktur gut in eine verwilderte, natürliche Umgebung. Der Wegrand besteht aus ungleichmäßigen, senkrecht gestellten Schieferplatten; für den Wegbelag sind sie waagerecht verlegt.

Unten
Kurven verlangen dem Gartendesigner besondere Fähigkeiten ab; die Flächen um diese Steinquadrate sind mit grobem Kies ausgefüllt. Das Ergebnis ist ein interessanter Kontrast von Form und Textur.

BRÜCKEN

Rechts Mitte
Brücken spielen eine architektonische wie auch praktische Rolle. Dieses an ein Rückgrat erinnernde Brückengeländer überquert wie ein Gürteltier ein ausgetrocknetes Bachbett und akzentuiert die Thematik der wüsten Einöde.

Rechts außen
Dünne Äste aus dem nahen Wald begrenzen zaghaft den Steg über diesen Bach.

Unten links
Die unregelmäßig behauenen Steinplatten über diesem Bächlein passen hervorragend zu der natürlichen Bepflanzung.

Unten Mitte
Die glänzend rot lackierte Brücke gibt der Naturlandschaft einen Hauch von Orient.

Unten rechts
Holz lässt sich problemlos für vielfältige Muster ablängen. Die diagonalen Streben dieses Geländers kennzeichnet kultivierte Zurückhaltung; so sind sie das rechte Bindeglied zwischen naturbelassenen und formalen Gartenbereichen. Der weiße Anstrich lenkt wirkungsvoll von der Stahlbetonkonstruktion ab.

Sobald ein Weg eine Fläche durchquert, finden zweierlei Dinge statt: zum einen ein Richtungsverweis auf ein Objekt oder zu einem Bereich, zum anderen eine räumliche Trennung zweier Bereiche. Sind die Bereiche zusätzlich durch ein unterschiedliches Niveau oder eine Barriere, wie zum Beispiel Wasser voneinander getrennt, so kann eine Brücke die Überleitung sein.

Als optisch-dynamisches Bauelement bildet eine Brücke einen dramatischen Blickpunkt. Die berühmte glyzinenberankte Brücke über den Seerosenteich in Monets Garten in Giverny ist ein klassisches Exempel dafür, in welch schönen Mittelpunkt sich ein praktisches Verbindungsglied verwandeln lässt. Bei den Viktorianern, die vom Orient sehr angetan waren, fanden detailliert gearbeitete und rotglänzend lackierte Brücken im Chinastil großen Anklang. Solch extravagantes Design wirkt besonders prächtig vor einer naturalistischen Landschaft.

Wie die hier gezeigten Beispiele verdeutlichen, ist Holz ein besonders vielseitiges Medium. Es ist stabil und lässt sich für stilistisch ausgesprochen unterschiedliche Konstruktionen verwenden. Mit Farbe ergänzt es seine Umgebung oder setzt sich dagegen ab; unbehandeltes Hartholz in massiven Abschnitten bildet mit der Zeit eine natürliche Patina.

Alternative Baumaterialien sind Eisen und Stahl, deren Zugfestigkeit große Spannweiten möglich macht. Durch seine Vielseitigkeit eignet sich Metall für traditionelles ebenso wie für modernes Design. Erlesenes modernes Design profitiert von den Eigenschaften von Stahl und Spanndraht, die optische Transparenz und große Stärke in sich vereinen.

Brücken über größere Wasserflächen oder große Niveauunterschiede machen professionelle Planung und Installierung notwendig. Da sich Wasser im Garten zunehmender Popularität erfreut, findet man auf diesem spannenden Gebiet eine

wachsende Zahl von Fachbetrieben. Sind die Umstände weniger anspruchsvoll, so kann man sich selbst an den Bau einer einfachen Konstruktion wagen. Für eine Brücke über einen kleinen Bach oder ein Sumpfbeet versieht man Tragbalken, die zu beiden Seiten fest an Pfosten verankert sind, mit einer breiten Beplankung. Da Sicherheit immer wichtig ist, wird zwischen den Pfosten ein dickes Seil als Geländer gespannt und zur Rutschsicherheit auf der Lauffläche Maschendraht befestigt. Je nach Qualität und Verarbeitung der Materialien wirkt die Konstruktion mehr oder weniger anspruchsvoll. Rustikales Rauholz am einen Ende der Skala passt in eine Waldumgebung; exotische Harthölzer und sorgfältige Detailarbeit machen die Konstruktion perfekt für den japanischen Stil.

Das Konzept der Wasserüberbrückung lässt sich noch weiter vereinfachen, besonders bei begrenztem Raum. Für den modernen Stil ist Beton eine vielseitige Lösung. Sogar das Konzept des Trittsteins lässt sich mit Betonquadern aktualisieren.

Eine Platte aus Stahlbeton überspannt problemlos eine schmale Wasserrinne, die eine gepflasterte Fläche durchschneidet. Sie wird ganz einfach vor Ort hergestellt, und ihr Erscheinungsbild lässt sich mit vielen Tricks veredeln. Weißer Zement und Sand anstelle von Portland-Zement liefern ein helles, sauber wirkendes Ergebnis. Ästhetisch strukturierte Oberflächen erreicht man durch Aufbringen von Kies oder schwarzgrauen Flusssteinen, bevor die Mischung abbindet. Gleichzeitig wird so die Oberfläche rutschsicher; zu diesem Zweck kann man sie aber auch nach dem Abbinden mit eingeritzten Mustern versehen.

STUFEN

Ein abfallendes Grundstück kann ein optisches Plus sein, muss aber durch Terrassierung und Niveauübergänge gebändigt werden, um den Zugang zu ermöglichen und die Pflege zu erleichtern. Eine ebene Landschaft kann im Gegenzug langweilig wirken und es wünschenswert machen, durch Ausheben und Anhäufen künstliche Bodenwellen zu schaffen, die das Gesamtbild beleben. Einen praktischen Übergang von einer Ebene zur anderen bilden Treppen. Man sollte diese nicht nur unter praktischen Gesichtspunkten, sondern als sinnliche Bereicherung der

Oben
Natürlich wirkende Landschaftsgestaltung verlangt nach Feingefühl. Moosbedeckte Steinstufen holpern in diesem Wäldchen hügelan; sie fügen sich mit Bedacht in ihre Umgebung ein.

Oben rechts
Dunkle Baumstämme, durch weißen Kies akzentuiert, bilden bei dieser Waldtreppe die Setzstufen. Die sorgfältig platzierten Steine lenken den Blick auf die Wegbegrenzung aus imposanten Felsen rechterhand, während niedrige immergrüne Sträucher zur Linken ein asymmetrisches Gegengewicht bilden.

Gartenanlage betrachten. Stufen legen die Betonung auf Dimensionen und Größenverhältnisse und bringen gleichzeitig neue Oberflächen und ein architektonisches Element ein.

Etwas Geheimnisvolles hält mit einer Treppe Einzug, wenn ihr Ende außer Sicht liegt. In einem Wäldchen mag sie zu einer Lichtung emporsteigen, auf der ein sonnengesprenkelter Tümpel mit Fischen darin oder aber eine Skulptur uns überrascht. In einer Formgehölz-Anlage mag sie in ein von hohen Hecken umgebenes Parterre hinabführen, in dem sich ein heimlicher Sitzplatz versteckt oder ein Brunnen.

In ihrer Rolle als dynamisches Gestaltungselement lenkt eine Treppe zu einem wichtigen Blickpunkt oder Eingang. Von einer klassischen, balustradengesäumten Veranda kann eine prächtige Freitreppe in eine formale Gartenanlage hinabführen; vor einem Stadthaus führen von geformten Buchsbäumen in Kübeln flankierte Stufen zur Haustür.

Natursteine wie Granit oder haltbare Schieferarten sind für Treppen geeignetes Material; die Oberfläche sollte aus Sicherheitsgründen angeraut sein. Sandstein mit seinen hellen, sanften Farbtönen wirkt immer attraktiv, ist allerdings nicht ganz so haltbar.

Klinker, die sich in unterschiedlichen Mustern verlegen lassen, eignen sich sowohl für klassisches wie modernes formales Design. Die Wahl sollte auf die haltbaren Pflasterklinker fallen, die bei hohen Temperaturen gebrannt sind und dem Fußverkehr und der Witterung standhalten. In Farbtönen von tiefem Violettrot bis zu dunkelstem Schwarzgrau ergeben sie ein ansehnliches Bild.

Praktisch und kostengünstig ist Beton, der, direkt vor Ort sorgfältig und mit einem ansprechenden Finish gegossen, sauber und zweckbetont wirkt und eine gute Lösung ist, wo ein beschränkter Etat für viele Stufen reichen muss.

Im kleinen Garten führen Übergangsstufen meist nicht über große Entfernungen, doch gerade hier kommt jedem Element ästhetisch eine besonders schwer wiegende Rolle zu. Aus der Not wird eine Tugend, wenn man drei oder vier niedrige Stufen so breit und tief gestaltet, dass daraus eine sanfte Überleitung mit großer Wirkung entsteht.

In größerem Maßstab lässt sich dies auch auf einem langen, sanft geneigten Abhang verwirklichen, auf dem Gruppen niedriger Stufen einen eleganten, allmählichen Übergang ermöglichen. Die Wahl des Materials ist entscheidend für den späteren Eindruck: kühl und elegant aus glatt gesägtem Sandstein, oder rustikal und zwanglos mit Setzstufen aus Bahnschwellen und einer Hinterfüllung mit Kies oder Rindenmulch. Einheitlich geformte Blumentöpfe, auf einer Seite auf den Stufen aufgereiht, heben das Design noch stärker hervor.

Kleine Gärten sind auf die vertikale Dimension angewiesen, die eine optische Vergrößerung bewirkt. Gezimmerte Stufen können hier auf eine Holzveranda führen, die vom Haus aus zugänglich ist oder als erhöhter Sitzplatz zusätzlichen Stauraum unter sich versteckt.

Links
Dieser steilen grauen Steintreppe geben die blaugrünen Koniferen-Kegel seitlichen Halt; ein breiter Randstreifen aus überschäumender, intensiv malvenfarbener Säckelblume *(Ceanothus impressus)* vervollständigt den Rahmen.

Mitte links
Mit fantasievollem Materialeinsatz schafft der Designer interessante Effekte. Die Kanten dieser halbrunden Stufen bestehen aus aufrecht gestellten Ziegeln, die Trittstufen selbst aus senkrecht verlegten Kacheln.

Mitte rechts
Die Holzbohlen halten Stufen aus gestampfter Erde mit einer Deckschicht aus feinem Strandkies. Randstreifen aus luftigem Frauenmantel *(Alchemilla mollis)* sind eine ideale Ergänzung dieser schlichten Lösung.

Links
Terrakotta-Töpfe in Reih und Glied betonen diese roten Ziegelstufen; das hellgrüne panaschierte *Helichrysum* leuchtet im Kontrast zur weinberankten Wand *(Parthenocissus quinquefolia)*.

Kacheln und Mosaike

Mit einem Farbtupfer lässt sich ein ganz gewöhnliches Gestaltungselement in einen Blickfang verwandeln; gesellt sich dazu noch eine interessante Oberfläche, ist die Wirkung umso eindrucksvoller. In einem Mosaik vereinen sich beide Aspekte; aus Mörtel und kleinen farbigen oder unterschiedlich strukturierten Fragmenten lässt es einen Bildteppich entstehen. Das übliche Material sind glasierte Kacheln, Glas, Terrakotta, Spiegelscherben und Marmor, entweder ganz belassen oder als kleine Quader. Durch ihre Vielseitigkeit eignen sie sich für ganz unterschiedliche Projekte.

Oben links und rechts
Die Römer waren große Vorreiter der architektonischen Verwendung des Mosaiks. Ihre Fußboden-Dekore haben immer wieder Künstlern als Inspiration gedient. In dieser getreuen Nachbildung sind Meeresgeschöpfe zu sehen. Obwohl sie einen klassischen Kaskadenbrunnen zieren, hinterlassen sie doch einen zwanglos modernen Eindruck.

Der legendäre spanische Architekt Gaudí ist für seine seltsam amorphen, von Mosaiken überzogenen Formen bekannt, mit denen er seine Bauwerke in Barcelona versah. Es finden sich darunter abenteuerlich geschwungene Balkone oder Schornsteinköpfe, die an Kriegerhelme und seltsame Pilze erinnern. In dem von ihm angelegten Parc Gruel dominiert eine lange, sich windende Bank einen Hofraum; sie wird treffend als „Serpentinensitz" bezeichnet und ist vollkommen mit bunten Fliesenscherben bedeckt.

Wer sich von den Beispielen dieser Seiten anregen lässt, wird schnell feststellen, wie ansteckend diese Kunstform wirken kann. Das Projekt auf Seite 108–111 zeigt, wie ein praktischer Gegenstand durch ein Mosaik unversehens eine neue Dimension erhält. Viele gewöhnliche Dinge lassen sich auf diese Art verschönern: Aus alten Töpfen werden neue Gefäße, und ein schlichtes Trinkglas wird durch bunte Glasstücke in eine strahlende Laterne verwandelt.

Auch eine Skulptur aus Hühnerdraht und Mörtel ist einen Versuch wert. Ein exotisches Wesen wäre interessant, vielleicht ein Krokodil mit farbenfrohen Schuppen. Dreidimensionale Objekte können ein wenig kompliziert sein; einfacher sind stilisierte Darstellungen von Vögeln oder Tieren an einer Wand oder tropische Fische, welche die Einfassung eines Wasserbeckens zum Leben erwecken.

Natürlich kommen Mosaike auch in klassischer Form vor, die eher in eine zurückhaltende, formale Umgebung passt. Noch heute existieren zahllose römische Mosaikfußböden als Vorbilder. Geometrische Formen lassen sich endlos kombinieren; Quadrate, Rechtecke und Dreiecke ergeben je nach Anordnung lineare, rechteckige und

Links außen und darunter
Mit die interessanteste Eigenschaft formaler geometrischer Kacheln ist die große Mustervielfalt, die sich mit ihnen erzielen lässt. Dieser Weg beschränkt sich auf zwei Kachelformen, doch die Farbverteilung bewirkt einen dynamischen, dreidimensionalen Effekt.

Links
Ausgewogenheit von Form und Farbe bestimmt das Design des Mosaiks. Die in mehrere Richtungen drängende Gestalt „ruht" auf einem Hintergrund heller Cremetöne.

kreisförmige Muster. Variiert man das Material, so führen die vornehm unaufdringlichen Farbtöne von Marmor, schwarzem Schiefer und gebrannter Terrakotta zu edlen Resultaten.

Unter dem Einfluss Nordafrikas entstand in Spanien der maurische Stil, mit Palästen in Sevilla und Córdoba und der legendären Alhambra in Granada. Glasierte Kacheln mit geometrischen Mustern in Tiefgrün, Blau-, Rot- und Gelbtönen scheinen jede Oberfläche mit einem Kaleidoskop aus Farben zu bedecken. In Portugal finden sich Kacheln an den Wänden und auf den Böden von Wegen, Stufen und sogar Kanälen. In den meisten Gärten wäre dies zu viel; man sollte sich hier auf kleinere Bereiche beschränken, um den beabsichtigten Eindruck zu vermitteln. Glasierte Kacheln, in die Setzstufen von Treppen eingefügt, beleben eine Betontreppe; eine Prozession von Geranientöpfen auf den Stufen vervollständigt die südländische Wirkung.

Oben Mitte
Mit kleinen, unterschiedlich geformten Mosaiksteinchen lassen sich selbst Objekte von unregelmäßiger Form verzieren. Dieser vormals gewöhnliche Sonnenschirmständer übernimmt durch das Mosaik eine elegante Rolle in der Gartengestaltung.

Oben rechts
Die rustikale Laube verdeutlicht die vielfältigen Einsatzmöglichkeiten von Mosaiken. Die Blütenranke demonstriert die subtilen Farbvariationen, die sich mit Glas als Medium erzielen lassen.

WORTE UND INSCHRIFTEN

Eine gemeißelte Inschrift ist diskreter, beinahe heimlicher Natur: sie springt nicht ins Auge, sondern will entdeckt werden. Sie kann provokativ wirken, indem sie einen philosophischen Grundsatz oder eine mathematische Theorie verkündet. Sie kann beruhigen, indem sie eine bedeutsame Gedichtzeile herausstellt oder mit einem frivolen Kommentar ein Lächeln weckt. Eine Tafel gemahnt an einen Jahrestag, weckt Erinnerungen an Familie und Freunde oder gedenkt heroischer Taten und entscheidender Ereignisse.

Skulpturales kommt in vielerlei Gestalt daher; bei diesem besonderen, sensiblen Genre ist ein Erfolg stark abhängig von der Qualität des Werkstoffs und dem Können des Handwerkers. Die Kalligraphie ist eine wunderschöne Kunst; zur Perfektion ist sie entwickelt, wenn die gewählte Schrift den Ursprung der Inschrift widerspiegelt. Schriften haben sich über viele Jahrhunderte entwickelt, und jede Zeit und jeder Ort haben ihren eigenen Einfluss ausgeübt. Ob die Wahl auf ein ganzes Gedicht oder einen einzigen Gedanken fällt, eine mathematische Formel oder einfach nur eine Hausnummer, jedes Mal wird das Einfühlungsvermögen des Bildhauers auf die Probe gestellt.

Mineralien und Steine aus der ganzen Welt unterscheiden sich jeweils in Farbe, Oberfläche und Dichte, und selbst Material identischer Provenienz kann aufgrund seiner Formation große Unterschiede aufweisen. Da das fertige Objekt oft recht klein ausfällt, besteht die Möglichkeit, einen Stein von ausgesuchter Schönheit mit optischen wie taktilen Vorzügen dafür auszuwählen.

Oben
Meical Watts: „Moonstone III", in Penrhyn-Schiefer gearbeitet.

Links
Brenda Berman und Annet Stirling: „Inceptis Gravibus", in Waliser Schiefer gearbeitet.

Ein Stück Granit, einem großen Strandkiesel nachempfunden, bearbeitet und geglättet, bis die Einschlüsse von Glimmer spiegeln, liegt angenehm in der Hand, während man über seine weise Inschrift nachsinnt. Stark texturierter Schiefer kann für eine Wandtafel dünn aufgespalten und mit einer Zeile Prosa versehen werden. Ein Stück Kalkstein mit winzigen Einschlüssen, die dort seit prähistorischen Zeiten ruhen, lässt sich zu einer Sonnenuhr ausarbeiten, in Material und Funktion ein Sinnbild vergänglicher Zeit.

Der Garten ist ein Ort zur Anregung der Sinne und der Erinnerungen – mit welchem Wohlgefallen entdeckt man auf einem Gartenspaziergang ein Lieblingsgedicht! Auf den Hebriden hat Ian Hamilton-Finlay, ein zurückgezogen lebender Künstler und Philosoph, eine nachdenklich stimmende Landschaft geschaffen, in welcher der Besucher vor dem Hintergrund des Wassers auf architektonisches Strandgut und roh behauene Felsen stößt. Die eingemeißelten aufrüttelnden oder amüsanten Gedanken und Sprüche verwandeln sie in eine ganzheitliche Erfahrung. Inschriften müssen sich also nicht auf formale Situationen beschränken. Sie können sich in einem Waldstück oder einem Bambusdickicht verbergen, zwischen Gräser schmiegen oder neben einem Sitz aufgestellt sein.

Natürlich ist Stein nicht der einzige denkbare Schriftträger; wo eine gewisse Zwanglosigkeit angebracht ist, ist Beton ein idealer Werkstoff. Trittsteine, in Abständen in Gras gebettet, bieten die Gelegenheit, eine Geschichte zu erzählen; es gilt lediglich, sie zu ersinnen und einzuritzen, bevor der Beton abbindet.

Mitte links
Martin Jennings: „Initial Posts“, in Waliser Schiefer gearbeitet.

Mitte rechts
Alex Peever: „Found Letters“, in Portland-Sandstein gearbeitet.

Unten links
John Das Gupta: „Hermetic Numerals“, in Waliser Schiefer gearbeitet.

Unten rechts
James Salisbury: „WB Yeats Table“; blauschwarzer Waliser Schiefer und Derbyshire-Kalkstein.

DEKORATIVE BAUTEN

Die vertikalen Elemente eines Gartens sind eine wichtige Komponente seines optischen Rahmens. Sie dienen der Balance, indem sie zwischen benachbarten Häusern oder Bäumen und dem Garten eine Verbindung herstellen; eine flache Landschaft bereichern sie um die dritte Dimension. Sie können reines architektonisches Statement sein oder eine Rankgelegenheit für Kletterpflanzen; in jedem Fall führen sie zu einer Bereicherung um Farbe und Textur, Material und Finish, Blätter und Blüten.

Das passendste Rahmenmaterial ist Metall und Holz. Der Vorteil von Metall ist seine Stabilität in Verbindung mit optischer Leichtigkeit. Was heutzutage als Schmiedeeisen bezeichnet wird, ist häufig Stahl; er lässt sich jedoch in sehr elegante Form bringen, und auf einen Stahlrahmen kann man aus Eisendraht komplizierte Muster applizieren. Um vollkommen wetterbeständig zu sein, muss Stahl vor dem Lackieren galvanisiert werden; momentan gilt es allerdings als schick, ihn unbehandelt rosten zu lassen. Das ist in Ordnung, solange das Metall massiv genug ist: eine schwache Konstruktion zerbricht.

Eine jegliche größere Holzkonstruktion sollte aus angemessen dimensionierten Teilstücken gebaut werden. Hartholz erfordert die geringsten Instandhaltungsarbeiten; seine natürliche Maserung kommt am besten zur Geltung, wenn es gelegentlich mit einer farblosen Lasur oder Öl behandelt wird. Druckimprägniertes Weichholz ist eine preisgünstige Alternative, bedarf aber regelmäßiger Pflege, wenn es gestrichen ist. Eine andere Möglichkeit ist eine farbige Schutzlasur, die dem Holz Farbe verleiht, ohne die Maserung zu verdecken.

Die großartigste Spielart der Gartenbauten ist gewiss die frei stehende Laube, etwa als Fokus am Ende einer langen Blickachse. In der klassisch-romantischen Vorstellung besteht sie

Oben rechts
Ein Geräteschuppen muss nicht immer rein funktional sein; diese dekorative achteckige Hütte verbindet eine Pergola mit dem übrigen Garten. Die flammendrote Kapuzinerkresse in den Hängekörben ist ein hübscher Kontrast zu den Blau- und Malventönen der Holzkonstruktion.

Mitte
Wie ein Floß schwimmt die Betonplatte auf diesem See; sie trägt einen originellen Baldachin aus Schmiedeeisen und Glas, der sich schützend über einem eisernen Sessel erhebt.

Unten
Diese romantische Laube verschwindet geradezu unter Goldhopfen (*Humulus lupulus* 'Aureus') und einer weißen Kletterrose. Tiefblaue Katzenminze, die farblich das Malvenblau des Holzes ergänzt, ist eine elegante Vervollständigung des Bildes.

aus ziseliertem Schmiedeeisen oder einer eigenwilligen Holzkonstruktion, die fliederfarben oder perlgrau lackiert ist. Doch auch ein moderner Stahltempel oder geschnitze Eiche im Stil der *Arts and Crafts*-Bewegung sind denkbar.

Eine architektonisch eindrucksvolle Konstruktion sollte frei bleiben von zusätzlichem Schmuck; ein einfaches Gerüst dagegen ist ideal für eine Ergänzung durch Kletterpflanzen wie Rosen, Klematis oder Prunkwinden. Reicht der Raum für einen Tisch und Stühle, so ergibt sich ein zusätzlicher praktischer Nutzen als eleganter Rahmen für einen Imbiss oder Aperitifs.

Eine Laube, deren Rücken, Seiten und Dach aus Rankgerüsten bestehen, ist eine sehr schlichte Anordnung, die sich selbst in einen Innenhof integrieren lässt. Von Jasmin und Geißblatt überwuchert, dient sie als duftender Ruheort. Lauben sind in vielen Varianten aus Holz erhältlich; zierlichere Versionen lassen sich aus fein gearbeitetem Metall herstellen.

Das Konzept der Laube wird in verlängerter Form zur Pergola, die zumeist aus Holzträgern auf einer Pfostenkonstruktion besteht. Schließt sie über einer Terrasse an die Hauswand an, so dient eine pflanzenüberrankte Pergola als Schattenspender und Sichtschutz. Stahlsäulen oder Betonpfeiler sind eine elegante Alternative, wenn es die Architektur erfordert. Sehr stark in den Hintergrund treten Drahtseile, die horizontal zwischen Wänden verspannt werden; in diesem Fall bleibt die Dekoration ganz den Pflanzen überlassen.

Ein frei stehender Laubengang schafft eine geschmackvolle Verbindung zwischen zwei Gartenbereichen und ist ein guter Rahmen für einen Blickfang. An ihm lässt sich sehr schön eine Vielzahl von Kletterpflanzen ziehen; setzt man sie an jeden zweiten Pfeiler, erhält

Links
Ein zotteliges Paar Silberweiden *(Salix alba var. sericea)*, als Hochstamm gezogen, flankiert diese Laube nach Art eines Wachhäuschens, in der gerade ein Stuhl Platz findet. Rahmenkonstruktion, Dach und Gitterwerk bestehen aus Holz und sind in diskretem Graublau gestrichen.

Mitte links
Die Vögel sind ausgeflogen, nun wartet die luftig aus Eisendraht gearbeitete viktorianische Voliere auf einen Ranker, zum Beispiel Klematis *C. orientalis* oder *C. macropetala*.

Mitte rechts
Inmitten einer Wildblumenwiese steht diese bezaubernd romantische Laube aus Guss- und Schmiedeeisen.

Links
Kletterhilfen können als architektonischer Blickfang allein stehen oder eine Rabatte bereichern. Dieses hölzerne Dreibein präsentiert Klematisblüten in Fülle.

jede genug Licht und Luft. Eine solche Konstruktion muss unbedingt ebenso stabil wie massiv sein: ein schwächliches Bauwerk wirkt nicht. Durchdachtes Design, das geeignete Material und kompetente Ausführung sind unerlässlich, damit die Größenverhältnisse stimmen und ein Verschieben und Zermürben ausgeschlossen sind.

Von neuem populär ist der Pflanzentunnel. Hierbei handelt es sich im Grunde um eine Abfolge miteinander verbundener Bögen. Am besten eignet sich dieser Kunstgriff wohl für einen großen Garten, wo man sich an ihm erfreuen kann, solange er sich am vorteilhaftesten präsentiert. Wo der Platz nicht für solch eine große Geste ausreicht, kann ein einzelner Bogen ein nützlicher Rahmen sein. Er lenkt die Blicke auf sich und die Schritte auf einen Pfad oder durch eine niedrige Hecke oder einen Begrenzungszaun. Ein Rosenbogen ist der Gipfel der Romantik, doch es gibt andere Kletterpflanzen, die ebenso schön sind und viel länger blühen. Für eine andauernde Wirkung ist immergrünes Efeu *(Hedera)* die erste Wahl; in milderen Gegenden stehen auch andere Arten zur Auswahl.

Auch das Gartentor stellt ein wirkungsvolles dekoratives Element dar. Bei Händlern mit historischen Baumaterialien finden sich häufig überflüssig gewordene Objekte, die nur auf einen neuen Einsatz warten; warum also nicht hier nach einem schmiedeeisernen Tor Ausschau halten und dann die passende Öffnung schaffen? Eine hohe Hecke ist dafür ein geeignetes Sujet; selbst wenn das benachbarte Land nicht zu betreten ist, gibt die durchbrochene Struktur des Tores doch den Blick auf die dahinter liegende Gegend frei. Auch die Andeutung, dass es vielleicht einen weiteren Garten zu erforschen gilt, lässt den eigenen größer erscheinen. Oder Ihre Gartenumfriedung ist eine Mauer mit einem Durchbruch. Anstatt nun aus einem Katalog ein fertiges Tor auszuwählen, sollte man die Gelegenheit nutzen und einen Kunstschmied beauftragen, ein Design speziell für den eigenen Garten zu entwerfen.

Ein Obelisk ist eine Vertikale von größter Schlichtheit und daher ausgesprochen vielseitig. Er kann jede Höhe annehmen, mit einem schmückenden Abschluss versehen werden oder in der nah verwandten Gestalt eines Kegels, einer Pyramide oder einer Säule daherkommen. In Einzelstellung bringen Obelisken und Pyramiden Höhe in eine Rabatte, paarweise aufgestellt dienen sie als Weggeleit, und in gerader Zahl verwendet umschließen sie ein formales Parterre. Kegel mit ihrer makel-

losen Form erzielen in Dreiergruppen oder als asymmetrisches Arrangement verschieden hoher Exemplare eine dynamische Wirkung. Säulen dienen einer Pergola als Stütze, rahmen einen Eingang oder tragen eine Urne oder Skulptur.

Ein Obelisk in schönem Design kann ohne zusätzlichen Schmuck eine Einzelstellung einnehmen. Soll er einem Klettergehölz als Stütze dienen, so sind feste Materialien wie Metall oder Holz angebracht. In zwangloser Umgebung, wie zum Beispiel einem Küchengarten, sind Hasel- und Weidenzelte unaufdringliche, zweckmäßige Kletterhilfen für Erbsen, Bohnen und einjährige Blumen.

Besonders in einem kleinen Garten ist es empfehlenswert, sich über praktische Dinge wie die Unterbringung von Geräten und Blumenerde Gedanken zu machen. Hierfür bietet sich ein länglicher Holzkasten mit Scharnierdeckel an, den man zum Schutz gegen Feuchtigkeit mit Kunstharz behandelt oder mit Zink ausschlägt. Mit einer Schaumstoffauflage wird aus ihm eine Sitzbank. Die Idee lässt sich noch weiter spinnen – aus Ziegeln errichtet, kann der „Kasten" als Stützmauer für ein erhöhtes Beet dienen. Ein zweiter Kasten, im rechten Winkel dazu aufgestellt, macht daraus einen größeren Sitzplatz. Den Deckel konstruiert man aus Holz, und der Eckbereich ist der ideale Platz für eine besondere Pflanze. Ein rechteckiger Tisch vervollständigt die Kosten und Platz sparenden Einbauten.

Ein Schuppen bietet nicht nur unverzichtbaren Stauraum, sondern kann zu einem interessanten Gestaltungselement werden. Dafür ist keine größere Investition notwendig: kreative Farbgestaltung verleiht dem einfachsten Design Raffinesse. Wie wäre es mit einem *Trompe-l'oeil* mit Zweigen und Vögeln oder aufgemalten Fenstern, die einen Einblick in ein „Gewächshaus" gewähren? Selbst ein winziges Wachhäuschen-Format sieht mit senkrechten Streifen patent aus.

Wo es der Platz gestattet, ist ein größeres Häuschen ein schöner Luxus. Stabil gebaut und isoliert, könnte es gleichzeitig als Studio oder den Kindern als Räuberhöhle dienen. Holzschindeln heben es aus der Menge hervor, und eine schattige Veranda verwandelt es in einen Zufluchtsort der Ruhe, von wo aus sich das Tagewerk bewundern lässt. Der einfache Schuppen hat sich so unversehens in einen weiteren Gartenraum verwandelt, der den Garten räumlich und optisch ergänzt.

Links
Am Teichufer steht ein romantisches Gartenhäuschen im viktorianischen Stil; duftender Pfeifenstrauch *(Philadelphus)* und Wiesenraute *(Thalictrum)* rahmen den Blick. Weiß lackierte Korbstühle sind eine ideale Ergänzung zu der Durchbrucharbeit der Rahmenkonstruktion.

Oben rechts
Durch das elegante Tor bietet sich ein verlockender Blick in den Garten.

Rechts
Einer natürlichen Rabatte verleihen diese bescheidenen Holzobelisken Struktur und Höhe.

Ein Weidenobelisk kann als architektonischer Blickfang dienen oder aber als Rankhilfe in ein Gefäß gesteckt werden. Er ist ein Bezugspunkt, der einem Beet oder einer Rabatte Höhe und Struktur verleiht. Für eine ausgefallene abendliche Dekoration ließe sich der Obelisk sogar mit Teelichtern schmücken.

WEIDEN-OBELISK

Benötigtes Material und Werkzeug

Weidenruten in drei Stärken:
vier starke Ruten für die Ecken
(200 cm lang, 18 mm Durchmesser)
mittelstarke Ruten für die Seiten
(13 mm Durchmesser)
dünne Ruten für die Kordel oberhalb der Basis und die Kugel
(etwa bleistiftdick)
Weidenabschnitte für die Kugelfüllung
Kanthölzer für das Traggerüst
(ca. 40 x 90 mm stark)
Nägel
Hammer
Bohrer
scharfes Messer
Gartenschere
Hühnerdraht
Handschuhe
Kneifzange
Leinöl
Terpentin

Vorbereitungen

Weiden wachsen am Ufer von Bächen und Flüssen und nahe Feuchtgebieten. Vor dem Sammeln von Weidenruten sollten Sie Ihren lokalen Förster fragen, inwieweit das Sammeln gestattet ist; Gartencenter und spezielle Weidenanbieter haben ein umfangreiches Sortiment! Weidenruten kaufen Sie in Bündeln, die Sie in einem freien Gewässer einweichen, bis sie zum Verarbeiten geschmeidig genug sind. Je nach Stärke der Ruten und nach der Jahreszeit, von der die Wassertemperatur abhängt, dauert das Einweichen ein bis zwei Wochen. Löst sich beim Verarbeiten die Rinde, war es zu lange. Ob die Ruten biegsam genug sind, stellen Sie fest, indem Sie die Spitzen mehrmals um den Finger wickeln. Sie müssen so weich sein, dass sie sich biegen, ohne zu brechen. Wer keinen Zugang zu offenem Wasser hat, kann die Weidenruten auch in einer Regenwassertonne einweichen. Lassen Sie sie abtropfen, indem Sie die Bündel aufrecht hinstellen.

1

1 Mit einem einfachen hölzernen Traggerüst, wie hier abgebildet, ist der Obelisk während der Arbeit wesentlich standfester. Verwenden Sie nach Möglichkeit alte Holzabschnitte. Die Außenmaße betragen 350 x 350 x 40 mm; die Kanthölzer sind 90 mm breit. In die Ecken bohren Sie jeweils zwei Löcher (siehe Foto), sodass zwei verschieden große Obelisken darauf gebaut werden können.

2 In die Holzschablone stecken Sie die vier dicken Weidenruten. Wenn Sie die unteren Enden mit dem Messer anspitzen, lassen sie sich bis in die Erde schieben.

Binden Sie die Ruten an den Spitzen zusammen. Verschlingen Sie die dünnen Weidenruten zu einer Kordel, die etwa 23 cm vom unteren Ende des Obelisken an den vier Weidenruten befestigt wird.

2

3

4

3 Sichern Sie die Weidenkordel an allen vier Ecken mit Nägeln gegen Verrutschen.

4 Schneiden Sie mit der Gartenschere die Enden der mittelstarken Weidenruten schräg zu, damit sie sich problemlos an den Ecken durch die Kordel stecken lassen (siehe Abb. 5, Seite 100).

5 Stecken Sie die Ruten an den Ecken durch die Kordel und flechten Sie pro Seite jeweils zwei Ruten kreuzweise empor.

6 Für die Kugel an der Spitze knüllen Sie einige Weidenstückchen zusammen und umwickeln sie vorsichtig mit einem Stück Hühnerdraht. Der Draht lässt sich mit einer Kneifzange zurechtschneiden. Es ist ratsam, zum Schutz vor spitzen Drahtenden Handschuhe zu tragen.

7 Drücken Sie dieses Gebilde vorsichtig auf die Spitze des Obelisken; befestigen Sie es, indem Sie die überstehenden Enden der mittelstarken Weidenruten hineinschieben.

8 Umhüllen Sie die „Kugel" mit den dünnen Weidenruten, indem Sie diese darumwickeln und -flechten. Da Weidenruten sehr biegsam sind, dürfte dies recht einfach sein.

6

5

7

9 Fädeln Sie die Ruten weiterhin durch und um die Kugel, bis von dem Hühnerdraht nichts mehr zu sehen ist. Den fertigen Obelisken können Sie mit einer Mischung aus Leinöl und Terpentin (im Verhältnis 1:1) behandeln, um seine Witterungsbeständigkeit zu verbessern.

8

9

Rechts
Der fertige Obelisk ist ein dekorativer Blickfang; wer will, schmückt ihn im Sommer mit einjährigen Kletterern, wie zum Beispiel Duftwicken *(Lathyrus odoratus)*.

Garten-möbel

Der Hauptgrund, warum wir Möbel in den Garten stellen, ist praktischer Natur. Ein Platz zum Sitzen und ein Tisch zum Essen sind unabdingbar. Und doch kommt Möbeln auch eine dekorative Rolle zu. Eine stilvolle Bank am Ende eines Pfads ergibt nicht nur ein schönes Bild, sondern auch einen Vorwand hinüberzuschlendern, um sie näher zu betrachten; eine Baumbank hebt die Charakteristika eines besonderen Solitär-Baums noch stärker hervor.

Praktische Erwägungen müssen bei allem, was im Freien stattfindet, immer im Vordergrund stehen. Wer vorhat, seine Gartenmöbel das ganze Jahr draußen zu lassen, muss dafür sorgen, dass sie robust sind und Wetterextremen standhalten. Die Spezifikationen bezüglich Material, Konstruktion und Verarbeitung sind völlig andere als die für Inneneinrichtung.

Für Gartenmöbel ist Holz die erste Materialwahl. Da es ein lebendiger Werkstoff ist, fühlt es sich sympathisch an und sieht natürlich aus. Geeignete widerstandsfähige Holzarten sind die langsam wachsenden Sorten Teak und Eiche, Iroko und Rot-Zeder, wobei die beiden ersteren die weitaus schöneren und auch teureren sind. Aufgrund der enorm angestiegenen Nachfrage nach Gartenprodukten findet sich auf dem Markt eine wachsende Anzahl bisher

Oben
Kaffeehaus-Möbel im französischen Stil erfreuen sich andauernder Beliebtheit. Ihre optische Leichtigkeit macht die Eisenmöbel perfekt für Innenhöfe und Terrassen.

Mitte links
Schon vom äußeren Eindruck bequem und stabil sind diese Teakholzsessel, die den Sommer über draußen eine attraktive Patina annehmen, den Winter dagegen zusammengeklappt im Haus verbringen. Der Tisch ist so robust, dass er das ganze Jahr im Freien bleiben kann.

Mitte rechts
Genau am richtigen Platz befindet sich die „Adirondack"-Liege auf diesem Holzdeck. Die geriffelte Oberfläche der schönen Vase nimmt die plastische Äderung der Bepflanzung und die parallele Linienführung der Hölzer wieder auf.

Links
Möbel aus Aluguss sind vergleichsweise leicht und rostfrei. Den Tisch mit Stühlen unter dieser Hängeweide tarnt eine Lackierung in Spanischgrün.

unbekannter tropischer Harthölzer. Dabei sollte man unbedingt die Belange des Naturschutzes unterstützen und nur solche Produkte kaufen, die nachweislich aus zugelassenen Plantagenpflanzungen stammen.

Weichhölzer wachsen schnell; mit ihnen lässt sich leichter eine nachhaltige Waldwirtschaft betreiben, wodurch sie ökologisch unbedenklicher sind. Sie sind allerdings in Haltbarkeit und Aussehen weniger hochwertig. Mit einer schützenden Lasur oder einem Anstrich werden sie haltbarer; eine solche Behandlung verleiht dem Möbelstück allerdings im Gegensatz zu naturbelassenem Holz einen eher künstlich-dekorativen Charakter.

Durchnässtes Holz kann aufquellen und sich spalten; daher sollte eine hölzerne Oberfläche aus Latten bestehen, von denen das Wasser abläuft, anstatt sich in Pfützen zu sammeln. Bei Tischen, Bänken und Stühlen mit durchgehenden Flächen entstehen mit großer Wahrscheinlichkeit Probleme an den Verbindungsstellen, wenn keine Ablaufmöglichkeit für Wasser vorgesehen ist. Um sie möglichst haltbar zu machen, wurden Gartenmöbel aus Holz in der Vergangenheit meist sehr schwer und wuchtig konstruiert. So vermitteln sie zwar einen unvergleichlich komfortablen und soliden Eindruck, doch in einem kleineren Garten kann ihre Größe ein Nachteil sein. Als Reaktion auf die Forderung nach besserer Auswahl sind inzwischen einige sehr schöne Klappstühle und -tische erhältlich. Diese sind ausgesprochen vielseitig, da sie sich den Winter über einräumen lassen und man mit ihnen die Sitzgelegenheiten im Haus ergänzen kann, wenn zusätzliche Gäste erwartet werden. Außerdem ist ihr äußeres Erscheinungsbild moderner: Die sich kreuzenden parallelen Sitz- und Rückenleisten vermitteln einen eleganten Eindruck.

Links
Im Apfelbaum hängt eine originelle Schaukelbank.

Mitte links
Eiche ist eines der schönsten und haltbarsten Hölzer, das unter dem Einfluss der Witterung eine ansehnliche silbrige Patina annimmt. Diese elegant geschwungene Bank zeigt, dass gutes modernes Design und klassische Schönheit kein Gegensatz sind.

Mitte rechts
Im Stadtgarten geht nichts über intelligente Raumnutzung. Klappbare Stühle aus Aluminium sind leicht und kompakt und im Nu aufgestellt und fortgeräumt.

Links
Der allgegenwärtige, klappbare Liegestuhl ist praktisch und nicht teuer. Die Armlehnen an diesem Modell dienen auch zum Hinsetzen und Aufstehen.

Wem es nichts ausmacht, einen Tisch als bleibende Einrichtung stehen zu lassen, kann andere Naturwerkstoffe in Betracht ziehen. Schiefer und Granit liefern wunderbare Tischplatten, auf denen die Witterung und das Alter ihre Spuren hinterlassen; ihre Oberfläche kann man entweder polieren oder fein hämmern, wodurch die subtilen grauen, grünen oder rötlichen Farbvariationen zum Vorschein kommen. Marmor, der äußerlich ähnlich wirkt, verwittert oft stark und kann sich außerdem verfärben.

Steintische sind ausgesprochene Schwergewichte, die sich absolut nicht umstellen lassen; wer nach etwas Ausgefallenem sucht, das etwas beweglicher ist, sollte Zink erwägen. Wie bei einer Bartheke wird es als Blech glatt auf einem Holzunterbau befestigt. Der Look ist schick und ungezwungen und wie gemacht für die moderne Terrasse. Wenn Ihnen all dies nicht gefällt, haben Sie viele andere Möglichkeiten. Eiserne Tische und Stühle zum Beispiel erfreuen sich langer Beliebtheit. Sie zeichnen sich durch eine besondere Eleganz aus, seien es die fein gearbeiteten, geriffelten, schmiedeeisernen Entwürfe des Regency oder das gusseiserne Coalbrookdale-Design mit Blattwerk, Früchten und Blüten in prächtigem Relief. Heute werden solche Stücke in leichterem Aluguss hergestellt.

Oben links
Komplizierte Muster sind typisch für Gusseisen. Fruchttragende Reben schmücken Armlehnen und Beine dieser Holzlattenbank, die mit einem Anstrich in sanftem Graublau topmodisch wird.

Oben rechts
Dieses kurvenreiche hölzerne *Arts and Crafts*-Mobiliar hat mit den Jahren eine schöne silbrige Patina angenommen. Auf dem Tisch nimmt ein antikisierter Eisendraht-Korb den Ton dezent wieder auf.

Unten links
Nicht immer stehen zwei passende Bäume in der Nähe. Dies ist ein gutes Beispiel für eine ansehnliche, frei schwingende Hängematte. Das Wiegengestell benötigt jedoch viel Raum, um optisch zu wirken.

Unten rechts
In einem kleinen Garten zählt jede Handbreit Boden. In dieser Sitzrunde aus Mauerwerk und Holz finden nicht nur Menschen, sondern auch einige frische Kräuter Platz.

Gegenüber (oben links)
Eine Holzplanke auf zwei Baumstümpfen hat genau die passende rustikale Note.

Gegenüber (oben rechts)
Die dauerhafte, verwitterte Holzbank dient als Arbeitsplatz und Schaufläche zugleich.

Gegenüber (unten links)
Dieser Grillplatz neben einem Pool wurde an Ort und Stelle in weißem Beton gegossen.

Gegenüber (unten rechts)
Solche Klappstühle sind im Nu umgestellt.

Eines der meistkopierten Designs ist das des hübschen französischen Kaffeehaus-Stuhls, bei dem eine Lehne mit geschwungenem Lyra-Design einen Sitz aus Lattengeflecht ergänzt. Er ist eine Weiterentwicklung der Bugholz-Möbel des späten 19. Jahrhunderts. Der andere französische Klassiker dieser Periode hat als Sitzfläche und Lehne jeweils einen Kreis aus sternförmig angeordneten Metallfedern, die beim Hinsetzen nachgeben; er ist erstaunlich komfortabel.

Ebenfalls beliebt in jener Zeit waren Möbel aus Metallgeflecht; ihre Popularität dauerte auch im 20. Jahrhundert noch an. Die Schönheit liegt in dem Material, das sich in vielfältige Form biegen und wenden lässt; es wirkt bezaubernd zerbrechlich und ist doch stabil. Dieses vielseitige Material kommt in Abständen immer wieder in Mode; vom traditionellen gotischen Stil bis hin zum flippigen Design der 50er-Jahre finden sich viele Beispiele.

Heute herrscht beim Gartenmobiliar der Einsatz von Plastik vor. Oft mit Aluminiumrahmen kombiniert, sind diese Materialien haltbar und doch leicht, was die Möbel sehr mobil macht. Ob durchscheinend oder undurchsichtig, man findet sie in allen Farben des Regenbogens, von der Farbe saurer Drops bis hin zu den Tönen der Tropen.

Und da gerade die Rede von Farbe ist – man sollte nicht den guten alten Liegestuhl vergessen: Er ist billig, bequem und mit einem gestreiften Segeltuchbezug ruckzuck topmodisch ausgestattet. Auch Regiestühle gibt es mit modernen Leinenbezügen, von Karomustern in Beige und Grau bis hin zu marineweißen Streifen. Eine alte, lädierte Billigversion ist mit einer Farbschicht und ausgefallenem Stoffbezug schnell aufgefrischt.

Auch im Garten sitzt es sich mit einem Kissen weitaus bequemer; hier bietet sich eine einfache Möglichkeit, den optischen Eindruck zu verändern. Einfarbige Stoffe, Streifen und Karos wirken am besten; Blumenmuster scheinen immer den Wettbewerb mit den Pflanzen zu suchen und dabei den Kürzeren zu ziehen.

Eine Hängematte ist eine nette zwanglose Sitzgelegenheit. Ob aus Segeltuch oder aus Schnur, sie ist genau das Richtige für ein gemütliches Wochenende mit einem guten Buch. Zwischen Bäumen aufgehängt, kommt man in den Genuss des Schatten spendenden Blätterdachs. Es gibt Ständer zu kaufen, doch solch eine Konstruktion hinterlässt meist einen ziemlich gezwungenen Eindruck. Da kann man besser sein Geld für eine Hollywoodschaukel sparen; diese gibt es sogar in solcher Breite, dass man sich um den Sitzplatz nicht zu streiten braucht.

Der Reiz dieser dreiteiligen Bank aus Eiche liegt in ihrem schlichten Design und der Leichtigkeit, mit der sie sich an jeden beliebigen Ort transportieren lässt. Die Bänke kann man bei ungünstiger Witterung schnell irgendwo unterstellen. Man kann sie ohne Probleme selbst auch aus nicht abgelagertem Holz bauen. Eiche kann unbehandelt 50 Jahre oder noch länger der Witterung standhalten.

Baumbank

Benötigtes Material und Werkzeug

für die sechs Stützen:
Holzscheiben
Stärke: mindestens 80 mm
Höhe: der Neigung des Bodens angepasst, mindestens jedoch 38 cm
Breite: entsprechend der Breite der Sitzfläche, sich nach oben beiderseits um etwa 25 mm verjüngend

für die drei Sitzflächen:
entrindete, halbierte Stämme
Stärke: mindestens 80 mm
Länge: 120 cm, 150 cm und 180 cm, jedoch abhängig von der Größe des Baumes und dem verfügbaren Holz
Breite: 23–45 cm, je nach Verfügbarkeit
Dübel-Rundhölzer aus Hartholz, 12,5 mm stark
Holzhammer und Hohlmeißel
Metalllineal
Fuchsschwanz
elektrische Bohrmaschine mit 13-mm-Holzbohrer
scharfes Messer (um die Holzdübel anzuspitzen)
wasserunlöslicher Holzleim
Schleifzylinderaufsatz für die Bohrmaschine
grobes Schmirgelpapier

1

2

3

4

5

6

Vorbereitungen

Prüfen Sie vor dem Beginn der Arbeit, ob der Boden um den ausgewählten Baum fest genug ist. Verdichten Sie ihn nötigenfalls mit Ziegeln oder Steinen unter den Stützen, um für mehr Standfestigkeit zu sorgen.

1 Entfernen Sie mit Hammer und Meißel die Baumrinde und das weiche Kambium von den Seiten der Stützen.
2 Markieren Sie die Position der Stützen an der Unterseite der Sitzflächen mit Lineal und Bleistift. Die äußere Markierung sollte sich etwa 90 mm vom Rand befinden. Machen Sie eine zweite Markierung entsprechend der Stärke der Stütze. Führen Sie die Markierungen so weit um das Holz, dass sich eine Gesamttiefe von 25 mm ergibt.
3 Sägen Sie das Holz entlang der Markierungen ein.
4 Arbeiten Sie mit Hammer und Meißel jeweils zwei 25 mm tiefe Nuten an der Sitzunterseite aus.
5 Schneiden Sie aus dem Rundholz 12 Dübel von knapp 50 mm Länge; schrägen Sie gegebenenfalls die Schnittkanten mit dem Messer leicht an.
6 Bohren Sie für die Holzdübel zwei 25 mm tiefe Löcher im Abstand von 15 cm mittig in die Oberseite der Stützen. Bohren Sie entsprechende Löcher in die Nuten der Sitze.
7 Klopfen Sie die am Ende geleimten Dübel in die Bohrlöcher in der Sitzunterseite.
8 Leimen Sie das andere Ende der Dübel und schieben die Stützen darauf. Festklopfen und mit dem Holzhammer austretenden Leim abwischen.
9 Glätten Sie die Sitzfläche mit Hilfe des Schleifzylinders.

7

8

9

Der Holzeinkauf

Bei einem spezialisierten Holzfachhändler können Sie sich über unterschiedliche Hölzer und ihre Eignung für dieses Projekt beraten lassen. Mit der Wahl des Holzes entscheiden Sie über Dinge wie Witterungsbeständigkeit, Haltbarkeit und Aussehen. Holzschutzmittel können die Lebensdauer fast jeder Holzart verlängern; bei Harthölzern wie Eiche ist eine Behandlung allerdings nicht notwendig.

Die Farbzusammenstellung und das schlichte Design machen aus diesem Mosaiktischchen ein ganz besonderes Möbelstück. Bei vorwiegend schönem Wetter kann der Tisch draußen stehen, da er bis zu einem gewissen Grad witterungsbeständig ist, doch bei anhaltendem Regen und den Winter über sollte er ins Haus gebracht werden.

Mosaik-tisch

Benötigtes Material und Werkzeug

fünf Kopien der Schablone auf Seite 154
Pauspapier und weicher Bleistift (2 B)
Heftzwecke und Schnur
Stichsäge
Klebeband
feuchtraumgeeignetes Sperrholz, 12 mm stark
Weißleim (Kaltleim)
Pinsel
Glasmosaikfliesen in Naturweiß, hellem Spanischgrün, dunklem Spanischgrün, Moosgrün, goldgeädertem Spanischgrün, goldgeädertem Grün
Fliesenzange
Schutzbrille
Spachtel
wasserunlöslicher Fliesenkleber (auf Lösemittelbasis)
wasserunlöslicher Fugenmörtel (auf Lösemittelbasis)
Anrührschale, kleiner Eimer
Gummispachtel
Schwamm und weiches Tuch
Gummihandschuhe

1

2

Vorbereitungen

Um den Umfang der Tischplatte aufzuzeichnen, verwenden Sie eine Schnur, die an einem Ende an einer Heftzwecke und am anderen Ende in einem Abstand von 30 cm um einen Bleistift geknüpft ist. Befestigen Sie die Heftzwecke in der Mitte des Sperrholzbretts und ziehen Sie den senkrecht gehaltenen Bleistift an gleichmäßig gespannter Schnur einmal im Kreis. Sägen Sie die Tischplatte mit der Stichsäge aus.

1 Vergrößern Sie die Schablone auf Seite 154 entsprechend den Anweisungen. Sie benötigen davon insgesamt fünf Kopien. Schneiden Sie die Schablonen aus und verbinden Sie sie mit Klebeband zu einer kreisförmigen Vorlage. Legen Sie das Pauspapier darüber und zeichnen Sie das Muster mit dem weichen Bleistift durch. Ist die Kopie schlecht durch das Papier zu erkennen, ziehen Sie das Muster vorher mit Filzstift nach.

2 Legen Sie das Pauspapier mit den Bleistiftmarkierungen nach unten auf das Sperrholz. Ziehen Sie die Linien nochmals mit dem Bleistift nach, sodass das Muster auf das Holz übertragen wird.

3 Versiegeln Sie die Tischplatte mit verdünntem Weißleim; achten Sie darauf, dass Sie auch den Rand versiegeln.

4 Setzen Sie die Schutzbrille auf und teilen Sie die Mosaikfliesen mit der Fliesenzange in jeweils zwei oder drei Stücke, sodass Sie eine Reihe unterschiedlicher Größen erhalten. Behalten Sie einige ganze Fliesen zurück, die Sie später noch passend zerkleinern. Von jeder Farbe machen Sie ein Häufchen.

5 Mischen Sie in einer kleinen Schale Fliesenkleber an. Spachteln Sie ihn etwa 3 mm dick immer nur abschnittsweise auf. Beginnen Sie mit der Blütenmitte und legen einen Kranz aus Mosaiksteinen in Naturweiß, hellem und dunklem Spanischgrün und Moosgrün. Drücken Sie die Steinchen so in den Kleber, dass dazwischen Fugen offen bleiben. Wischen Sie überschüssigen Kleber unbedingt sofort ab.

3

4

5

6

7

8

6 Füllen Sie die Blütenmitte mit den beiden goldgeäderten Grüntönen. Für eine saubere Arbeit kneifen Sie die Steinchen tortenstückförmig zurecht.
7 In gleicher Weise kleben Sie den Rand der runden Blütenblätter aus Mosaiksteinen in hellem, dunklem und goldgeädertem Spanischgrün.
8 Das Innere dieser Blütenblätter füllen Sie mit Fliesenstücken in hellem, dunklem und goldgeädertem Spanischgrün und in goldgeädertem Grün. Kneifen Sie die Steinchen mit der Fliesenzange zurecht, bis sie sauber in die Rundung passen.
9 Füllen Sie das Innere der spitzen Blütenblätter mit Steinchen in beiden goldgeäderten Grüntönen und hellem und dunklem Spanischgrün aus.

9

10

11

12

10 Bekleben Sie die übrige Fläche und die Seitenkante der Tischplatte mit Mosaiksteinen in Naturweiß, hellem Spanischgrün und Moosgrün. Lassen Sie die Arbeit einen Tag lang trocknen.

11 Ziehen Sie Handschuhe an und mischen Sie in dem Eimer den Fugenmörtel an. Arbeiten Sie den Fugenmörtel mit dem Gummispachtel gründlich in sämtliche Fugen ein. Säubern Sie die Tischfläche und die Seitenkante mit einem feuchten Schwamm und polieren Sie mit einem weichen, trockenen Tuch nach.

12 Ist die Tischplatte getrocknet, so wenden Sie sie um und streichen die Unterseite ebenfalls mit dem Fliesenkleber ein, um diese zu versiegeln.

Rechts und ganz rechts
Dieses Tischchen ist ein hübsches Leichtgewicht, ideal für eine sommerliche Pause.

Oben
Eine Fußschale ist ein schöner Blickfang für ein Parterre. Die Bepflanzung, Verbenen und *Helichrysum*, kann jahreszeitlich zu neuem Effekt gewechselt werden.

Mitte
Dieser kultiviert zurückhaltende Container aus Blech stellt weiße Blüten – hier bezaubernde Maiglöckchen *(Convallaria majalis)* – würdig zur Schau.

PFLANZ-GEFÄSSE

Unten links
Die achteckige Gestalt dieses Containers bringt den niedrig gehaltenen Lorbeer gut zur Geltung.

Unten rechts
Ein Bündel Eisenstäbe erhebt sich hier zum eleganten Träger einer ungewöhnlichen Spitztüte aus Ton.

Pflanzgefäße spielen im Garten eine wichtige optische Rolle; sie sind Blickfang inmitten des Pflanzenwuchses und betonen die Gestaltung der architektonischen Anlage von Haus und Garten.

Gefäß und Beflanzung sollten optimal aufeinander abgestimmt sein und auch harmonisch in die Gartenumgebung passen. Dies ist immer ein Balanceakt von Gewicht und Volumen, Textur und Stil.

Gefäße sind am wirkungsvollsten, wenn sie gezielt platziert werden. Man kann unterschiedliche Höhen und Spielarten in einer Gruppe zusammenstellen, identische, einheitlich bepflanzte Töpfe formal aufreihen, ein Paar als Umrahmung neben einen Durchgang stellen oder mit einem Einzelstück ein Gegengewicht zu einem anderen Gartenelement bilden.

Ein „Container" ist ein beliebiges Behältnis, das direkt bepflanzt werden kann, oder ein Blumenständer, der einen oder mehrere Pflanztöpfe enthält. Es kann aus beinahe jedem beliebigen Material gemacht sein. Hierzu zählen Metalle wie Gusseisen, Eisendraht und Zink; Hart- und Weichholz, behauener Naturstein, gegossener Kunststein und Beton können ebenso verwendet werden wie zahllose gebrannte Ton- und Steingutprodukte.

Das klassische Gartengefäß, das jeder kennt, ist der Terrakotta-Topf. Diese Töpfe werden in der ganzen Welt hergestellt; die Formen reichen vom schlichten Zylinder über den „Ali Baba"-Krug bis hin zu kunstvoll handgearbeiteten Vasen. Sie unterscheiden sich in Farbe und Oberfläche, je nachdem, woher der Ton stammt und bei welcher Temperatur er gebrannt wurde: 1200 °C müssen es mindestens sein, wenn der Topf winterfest sein soll.

Wer in einer Gegend lebt, wo Minusgrade üblich sind, sollte sicher gehen, dass seine Töpfe diese überstehen. Die Farbpalette reicht von blassen Cremefarben über sanfte Umbratöne bis hin zu intensivem Ziegelrot.

Der ganz besondere Vorzug von Terrakotta, abgesehen vom äußerst sympathischen Erscheinungsbild, ist ihre Fähigkeit zu atmen. Die gesamte Oberfläche ist wasser- und luftdurchlässig, weshalb die Erde darin gleichmäßig austrocknet, ohne sich von den Seiten zu lösen. Terrakotta kühlt außerdem den Wurzelbereich, aus diesen Gründen wachsen Pflanzen darin besonders gut.

Links
Dieser Behälter demonstriert mit kühlem Chic die Vielseitigkeit von Zink. Die hohe, sich nach unten verjüngende Form findet ihren Gegensatz in einer kurz geschorenen Buchskugel.

Mitte links
Eine solch klassisch geformte Schale ist auf dem Boden wie auf einem Podest am richtigen Platz. Es gibt sie aus Terrakotta, aus Stein gemeißelt und aus Beton; dieses Exemplar besteht aus verwittertem Kunststein.

In Impruneta in der Toskana hat jener Ton seinen Ursprung, welcher weithin als beste aller Tonsorten betrachtet wird. Seine Farbe ist zumeist ein tiefes Umbra bis hin zu Rot; er hat sehr feine Poren, wodurch die Wasseraufnahme minimiert wird (die Hauptursache aller Frostschäden), und er brennt außergewöhnlich hart. Diese Eigenschaften, durch überragende traditionelle Handwerkskunst und schönes Design noch gesteigert, haben Gefäße von klassischer Schönheit zum Ergebnis, die ein Menschenleben lang halten. Sie tragen ein entsprechend hohes Preisschild, doch viele Gärtner stufen sie als sinnvolle Investition ein.

Aufgrund ihres Gewichts können diese Töpfe nicht auf der Scheibe gedreht werden; sie werden mit der Hand modelliert, und vor dem Feuern werden oft noch Dekorationen angebracht. Diese reichen von einer einfachen Kante bis zu kunstvoll gearbeiteten Obstgirlanden, wie an den berühmten „Zitrustöpfen“, die groß genug für einen drei Meter hohen Baum sein können. In England gibt es eine Töpferei, die auf einen ähnlichen Herstellungsprozess spezialisiert ist; sie verarbeitet nach einem Geheimrezept weißen Coadestone-Ton, eine äußerste Kostbarkeit. Dieser weist viele der Eigenschaften des Impruneta-Tons auf, ist aber noch

Mitte rechts
Die Zusammenstellung von Behältnis und Pflanze erfordert großes Fingerspitzengefühl. Der grüne Glasmulch und das dürre braune Bambusrohr nehmen die Patina und die Form des hohen, schmalen Steingutgefäßes perfekt auf.

Links
In dieser stark ornamentierten Terrakotta-Schale thronen zwei nachdenkliche Putten hoch oben auf Löwenköpfen.

glatter und ergibt cremefarbene Gefäße von unglaublicher Schönheit.

Am anderen Ende der Skala steht der bescheidene „Long Tom", den die viktorianischen Gärtner besonders liebten. Seine randlose, hohe, schlanke Form ist heute aufgrund seiner Schlichtheit und seines Stils wieder sehr gefragt. Kein Küchengarten wäre vollständig ohne einige traditionelle Tontöpfe.

Hier soll nochmals betont werden, dass zwischen einem handgemachten und einem maschinengefertigten Topf Welten liegen. Das Modellieren per Hand wurde oben angesprochen; die uns besser bekannte Methode ist das Drehen auf der Töpferscheibe. Hierbei entstehen äußerst lebendig wirkende Töpfe, hoch und eng emporgezogen oder aber niedrig und breit auseinandergedrückt. Zwar wird die Außenseite geglättet, doch an der Innenseite kann man die Ringe beim Wandaufbau erkennen. Wer genau hinsieht, findet vielleicht sogar die Fingerabdrücke des Töpfers. Maschinell gepresste Töpfe dagegen wirken mit ihrer glänzenden Oberfläche und einheitlichen Form ziemlich leblos.

Oft wird vor allem die Terrakotta aus dem Mittelmeerraum mit einer tiefgrünen, bernsteinfarbenen oder marineblauen Glasur versehen. Diese Farben sehen vor allem in sonniger Umgebung sehr schön aus. Gefäße in noch leuchtenderen Farben sind meist aus Steingut gemacht, das ein härteres, dichteres Material ist. Zwar fehlt ihm die natürliche Porosität der Terrakotta, doch ersetzt das Steingut diese durch eigene Vorzüge. Das Material eignet sich für komplexe Glasuren, von denen die blassgrüne eine der berühmtesten ist; auch die intensiveren Blau- und Grüntöne sind attraktiv. In Japan werden diese Töpfe oft in einem speziellen holzbefeuerten Brennofen gebrannt, wodurch eine Glasur mit besonderen Effekten in dramatischen Braun- und Schwarztönen entsteht. In Nordeuropa wird häufig Salz in den Brennofen gegeben; die daraus resultierende silbrig-braune Topfoberfläche ist als Salzglasur bekannt.

Solche gewichtigen Steingutgefäße bringen ein asiatisches Flair in den Garten und setzen sich problemlos gegen ausdrucksstarke Pflanzen mit architektonischem Blattwerk durch. Bambus, Neuseeländer Flachs, Yuccas, Aralien und Palmen sind alle gut in ihnen untergebracht. Niedrige Schalen und bauchige Gefäße lassen sich hervorragend als Wasserbecken verwenden, die mit ihrer Glasur das Licht reflektieren.

Ist für den Garten imposante Wirkung gefordert, so steht der Behälter à la Versailles gewiss zuoberst auf der Liste. Seine Würfelform und emphatische Masse machen ihn für formale Gehölze und kleine Bäume am geeignetsten, die sei-

ner klassischen Linienführung entsprechen und sein Gewicht unterstreichen. Der Anblick von Reihen über Reihen der Original-Behälter in der Orangerie in Versailles ist überwältigend; buchstäblich Hunderte von Kästen in hellem Graugrün, von 50–150 cm hoch, in denen ausgewachsene Zitrus- und Lorbeerbäume, Zwerggranatäpfel, Koniferen und Palmen gedeihen, werden für den Sommer heraus- und für den Winter wieder hineingetragen. Sie sind mit abnehmbaren Seitenteilen konstruiert, um ein Zurückschneiden der Wurzeln und eine Bodenverbesserung zu ermöglichen; manchmal hat man das Glück, eine Neuauflage davon zu finden. Variationen dieser klassischen Form, die einem üblicherweise in Größen von 50–80 cm lieferbar sind, geben den perfekten Rahmen für einen formalen Eingang; in Paris und London sieht man sie allerorten, meist mit Lorbeerbäumen oder Buchskugeln bepflanzt. Dies ist ganz entschieden nicht der Behälter für wogende Sommerblumen.

Hohe, enge Töpfe mit rundem oder quadratischem Querschnitt sind momentan en vogue, da ihr kühl zurückhaltendes Äußeres gut zu dem modernen, sachlichen Wohnstil passt. Sehr elegante Varianten unterstreichen das kühle Styling durch die Verwendung von Zink. Für eine Umgebung, in der dieser Stil zu großstädtisch wirkt, findet man sie in glasiertem Steingut, Terrakotta und Holz.

Für eine wirkungsvolle Optik müssen diese Behälter passend bepflanzt sein. Sträucher in Kugelform, etwa Buchsbaum, und Rosetten bildende architektonische Pflanzen wie Hauswurz *(Sempervivum)* gleichen durch ihre niedrige Kissenform raffiniert die hohe Gestalt aus. Setzen Sie lieber keine schweren Pflanzen hinein, da sie die Gefahr bergen, oberlastig zu werden. Auch sollte darauf geachtet werden, dass diese hohen Gefäße windgeschützt aufgestellt sind – ihr einziger Nachteil ist die im Verhältnis zur Höhe kleine Bodenfläche.

Dachterrassen stellen den Containergärtner vor Herausforderungen eigener Art, nicht zuletzt die Problematik von Sonneneinstrahlung, austrocknenden Winden und – als besonders bedeutsamer Faktor – des Gewichts. Eine Ausstattung der Container mit einem automatischen Bewässerungssystem ist unerlässlich, will man ständiges Gießen per Hand vermeiden. Breite, niedrige Formen bieten größere Stabilität bei Wind. Pflanzgefäße aus Kunststoff oder Fiberglas sind sinnvolle Alternativen, mit denen sich unnötiges Gewicht vermeiden lässt. Es gibt einige ausgezeichnete Ausführungen; bedauerlicherweise werden sie jedoch nie die reife Patina eines Naturprodukts annehmen.

Gegenüber
Gewicht und Platz sind zwei besondere Problemstellungen einer Dachterrasse. Die Container bestehen aus Zink, einem relativ leichten Metall, groß genug für eine Gemüsezucht.

Oben links
Die leichte Rostpatina dieses gusseisernen Pokals nimmt die Farbe der Grasähren im Hintergrund auf.

Oben Mitte
Eine äußerst fantasievolle Zweckentfremdung einer rostigen Eisenkette, die in ein markant strukturiertes Pflanzgefäß verwandelt wurde. Gras und Kiesel machen das Design perfekt.

Oben rechts
Diese alte italienische Urne verkörpert die Schönheit und Haltbarkeit hochwertiger Terrakotta.

Mit sorgfältig ausgewählten Farben lassen sich Tongefäße ganz und gar verwandeln. Bunt bemalte Töpfe ermöglichen es, einen beliebigen Winkel des Gartens im Nu mit einem Farbfleck aufzufrischen. Bei drei verschieden großen, schön arrangierten, mit subtilen Farben bemalten Töpfen ist die Wirkung garantiert, vor allem dann, wenn sie identisch bepflanzt sind.

BEMALTE TONTÖPFE

Benötigtes Material und Werkzeug

drei saubere, trockene Tongefäße unterschiedlicher Höhe
Farbe in Probegrößen in Grünlich-Grau, Salbei, hellem Zitronengelb, Mandarine und hellem Blau
Pinsel in unterschiedlichen Breiten
Klarlack für Außenanstriche

1

2

3

4

1 Grundieren Sie den Topf innen und außen mit der Basisfarbe – in diesem Fall Grünlich-Grau – natürlich kann man seine Farben auch anders zusammenstellen. Tragen Sie eine zweite Schicht auf, sobald die erste getrocknet ist.

2 Tragen Sie mit einem ziemlich breiten Pinsel mit kühnem Schwung etwa 25 mm breite salbeifarbene Streifen auf. Das Ergebnis ist am besten, wenn Sie dabei möglichst entspannt sind.

5

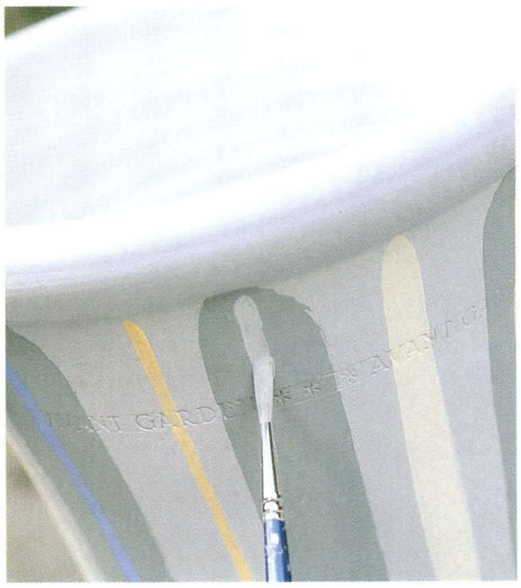
6

7

3 Malen Sie mit verschiedenen schmaleren Pinseln hellgelbe Streifen sowohl auf die Grundfarbe als auch auf einige der salbeifarbenen Streifen auf.

4, 5 Fügen Sie mandarinfarbene und dann hellblaue Streifen hinzu.

6 Malen Sie auf die noch übrigen salbeifarbenen Streifen schmale Streifen im Grundfarbton. Bemalen Sie die übrigen Töpfe in ähnlicher Weise.

7 Lackieren Sie die Töpfe von innen und von außen.

Oben
Identische Bepflanzung, hier ein zarter Bambus mit gestreiftem Laub, bringt diese Töpfe besonders gut zur Geltung. Kies in zurückhaltenden Fabtönen dient als zusätzliches Raffinement.

Metallbeschlagener Pflanzkübel

Die Metallbänder an diesem hölzernen Pflanzkasten verleihen ihm ein gewichtiges, mittelalterliches Aussehen. Die Bänder patinieren bald zu einem hübschen Weißgrau und lassen den Behälter im Nu antik wirken. Regen bringt diese Umwandlung von selbst zustande, doch lässt sich ein weißer Beschlag auch unverzüglich mit weißem Malzessig erzeugen.

Benötigtes Material und Werkzeug

für einen Blumenkasten
von 50 x 50 x 60 cm Größe:
4 Eckpfosten, 50 x 50 mm, 60 cm lang
4 Bodenträger, 25 x 50 mm, 35 cm lang
folgende Zuschnitte aus
25 mm starkem Holz:
8 Seitenteile à 15 x 45 cm
8 Seitenteile à 15 x 50 cm
3 Bodenteile à 15 x 44,5 cm
64 Holzschrauben, 50 mm lang
12 Holzschrauben, 45 mm lang
1 Liter Imprägnierlasur in Grau-Umbra
Blech, 1,8 mm stark,
für folgende Zuschnitte:
4 Streifen für die seitlichen Ecken
à 57 x 620 mm
4 Streifen für den oberen Rand
à 65 x 510 mm
12 horizontale Streifen à 28 x 490 mm
8 vertikale Streifen à 28 x 610 mm
20 Nägel
80 galvanisierte Ziernägel
Elektrobohrmaschine
Arbeitstisch mit Schraubzwingen
und Kantholz
Metalllineal und Cutter-Messer
Schraubenzieher
Handsäge, Pinsel
Blechschere
Zimmermannshammer

1

2

3

Vorbereitungen

Wenn Sie glauben, dass Ihre Zimmermannskünste für den Pflanzkasten nicht ausreichen, kaufen Sie einfach einen fertigen Kasten; passen Sie die Abmessungen der Metallbeschläge entsprechend an.

1 Schrauben Sie vier 45-cm-Seitenteile mit 50-mm-Schrauben an zwei Eckpfosten, lassen Sie dabei die Eckpfosten unten 45 mm überstehen. Wiederholen Sie dies für die gegenüberliegende Seite.

2 Drehen Sie die Seiten um und schrauben Sie mit drei 45-mm-Schrauben jeweils einen Bodenträger an; versetzen Sie dabei die Schrauben. Die Bodenträger sollen mit dem untersten Seitenteil glatt abschließen.

3 Schrauben Sie an den noch offenen Seiten jeweils vier 50-cm-Seitenteile an.

4 Befestigen Sie die übrigen zwei Bodenträger mit jeweils drei versetzten 45-mm-Schrauben.

4

5

6

7

8

9

10

11

12

5 Sägen Sie bei zwei Bodenteilen an den Ecken einer Längsseite Quadrate von 50 x 50 mm aus. Mit diesen Aussparungen passt der Boden zwischen die Eckpfosten.

6 Bohren Sie fünf gleichmäßig verteilte Abflusslöcher der Größe 15 mm in die Bodenteile; setzen Sie die Bodenteile in den Kasten ein.

7 Streichen Sie den Pflanzkasten innen und außen mit Imprägnierlasur in Grau-Umbra an und lassen Sie ihn trocknen. Für einen dunkleren Ton streichen Sie noch einmal nach.

8 Schneiden Sie mit Metalllineal und Cutter-Messer die Metallbänder zu.

9 Klemmen Sie wie auf dem Foto die 57 mm breiten Streifen mit Schraubzwingen und Kantholz ein und biegen Sie sie für die Kastenecken der Länge nach in der Mitte um. Biegen Sie auf gleiche Weise die 65 mm breiten Streifen für die Oberkante um; teilen Sie diese jedoch in 28 mm für die Seite und 37 mm für die Oberkante.

10 Legen Sie alle Metallbänder für eine Seite des Kastens aus. Als erstes decken Sie mit den horizontalen Streifen die Stoßkanten zwischen den Seitenteilen ab. Darüber legen Sie in gleichmäßigem Abstand die senkrechten Streifen – in unserem Fall sind es 12,5 cm. Schneiden Sie nun überstehende Enden sauber ab.

11 Legen Sie jetzt zuerst die Eckbeschläge und danach die Beschläge für die obere Kante auf.

12 Fixieren Sie die Metallbänder an allen Kreuzungspunkten mit je einem provisorischen Nagel.

13

13 Ersetzen Sie diese Nägel einen nach dem anderen durch einen galvanisierten Ziernagel.
14 Wiederholen Sie den ganzen Prozess für die anderen drei Seiten des Blumenkastens. Achten Sie darauf, dass die senkrechten und waagerechten Streifen an den Ecken und an der oberen wie an der unteren Kante unter die Beschläge zu liegen kommen.
15 Wo die Beschläge der Oberkante an den Ecken überlappen, schrägen Sie sie im 45°-Winkel ab.
16 Legen Sie mit Hilfe eines Holzklotzes die an der Oberkanteinnen überstehenden Seiten der Bleibeschläge zu einem sauberen Abschluss um. Klopfen Sie außerdem die senkrechten Metallbänder dichter an die Seiten.

14

15

16

Rechts
Der fertige Kasten ist mit einem hell geränderten Ilex bepflanzt, der zur Kugelform getrimmt wurde: die perfekte Ergänzung der betont rechteckigen Form des Behälters.

Statuen

Der Garten bietet eine einzigartig sensible, ansprechende Umgebung für Skulpturen. In einer naturnahen Landschaft tritt eine Figur plötzlich hervor und überrascht den Besucher durch ihre unerwartete Erscheinung; in einer formaleren Umgebung wird mit der Skulptur eine weithin sichtbare Aussage gemacht.

Die meisten Menschen verbinden mit dem Begriff „Statue“ eine imposante Erscheinung, die einen bedeutenden Platz oder eine Piazza beherrscht. Es handelt sich unbedingt um eine figurative Darstellung, gewöhnlich menschlicher Gestalt und zumindest lebensgroß, wie Michelangelos David in Florenz. In klassischen Gärten der ganzen Welt wurden schon immer Statuen an zentraler Stelle aufgestellt, um die architektonische Gestaltung der Landschaft hervorzuheben.

Oben rechts
Terrakotta ist genau das richtige, weiche Material für diese Frauenstatue, deren Beine eine romantische Unterpflanzung mit weißen Rosen umspielt.

Mitte
Einer hoch geschätzten Statue wird voller Stolz ein Ehrenplatz zugewiesen, wie hier in einem Alkoven.

Für den Privatgarten muss eine Statue sich oft damit begnügen, weniger als lebensgroß zu sein. Die Wahl des Skulptur-Themas ist absolut subjektiv, und es darf nicht übersehen werden, dass der Preis unvermeidlich eine Rolle bei der Entscheidung spielt. Das Ausmaß, in dem der Künstler sich selbst einbringt, sowie die Materialkosten haben einen großen Einfluss auf die Gesamtkosten; unabhängig von dem zur Verfügung stehenden Etat sollten handwerkliches Können, Schönheit und Integrität immer die Hauptentscheidungskriterien sein.

Viele Hersteller von Gartenkunst annoncieren in den gehobenen Gartenzeitschriften; man kann sie um Broschüren anschreiben oder möglichst sogar besuchen, um so die gesuchte Qualität zu finden.

Auktionshäuser und der Fachhandel sind die besten Quellen für Antiquitäten; heute, da die Preise astronomische Höhen erreichen, ist es unabdingbar, über Herkunft und Qualität des Stückes informiert zu sein. Auch

Unten links
Eher kleine Figuren wie dieser Engel werden auf einem Sockel zu größerem Format erhoben.

bei einem Handel für historische Baumaterialien können sich nicht so renommierte Stücke zwischen den großen Schätzen verbergen.

Generell ist eine Statue entweder aus Metall oder aus Stein gefertigt. Im ersten Fall handelt es sich gewöhnlich um einen Bronzeguss, eine gute, jedoch teure Wahl, die allmählich eine warme, reife Patina annimmt und mit der Zeit immer schöner wird. Auch Gusseisen ist anzutreffen, allerdings recht selten. Kostengünstigere Umsetzungen bestehen aus Kunstharz, das mit mineralischem Zuschlag vermischt ist; die Qualität variiert stark, man sollte daher die Verarbeitung sorgfältig begutachten. Da ein solches Stück nicht weiter altert, sollte es bereits beim Kauf einen möglichst natürlichen Eindruck hinterlassen, damit es in der Gartenumgebung auf Dauer vorteilhaft wirkt.

Stein kann von Hand behauen sein; aufgrund der Förder- und Transportkosten ist diese Möglichkeit jedoch eigentlich nur bei einem kleineren Stück realisierbar. Eher schon wird es sich um einen Guss aus einer Mixtur von Zement und zerkleinertem Gestein handeln oder einfach um Beton. Hier finden sich am ehesten Stücke „von der Stange“; Qualität und Stil sind unterschiedlich, und auch hier sollte man ein Augenmerk auf Integrität von Design und Verarbeitung haben. Verfärbungen und künstliche Verwitterungsspuren sind häufig beabsichtigt, um solch ein Stück alt wirken zu lassen.

Links
Dunkelgrüner Efeu ist der perfekte Hintergrund für eine fein gearbeitete Figur aus reinstem weißen Marmor.

Mitte links
Die kleine Statue auf ihrer hohen Säule dient als Maßstab für den Höhenunterschied, den diese Treppe überbrückt.

Mitte rechts
Klassische Architektur bietet mit ihren Mauernischen einer solchen Statue den perfekten Platz.

Unten
Die in Stein gehauene Büste, deren Fuß sich zu einer Säule streckt, ist von einer gestutzten Hecke umgeben.

Tier-skulpturen

Oben links
Katzenfiguren erfreuen sich stets großer Beliebtheit; diese bronzene Schönheit ist keine Ausnahme.

Oben Mitte
Gerade lassen sich diese Bronzestörche in dem seichten Tümpel nieder.

Oben rechts
Zwei Hasen, aus Kunstharz gegossen.

Gegenüber links
Die etwas bizarre Anmutung von Perlhühnern ist mit diesen geschwungenen Gestalten hervorragend eingefangen.

Gegenüber Mitte
Ein weiser alter Uhu, in Kunstharz gegossen, überschaut von seinem Versteck sein Revier.

Gegenüber rechts
Für klassische Kreaturen wie Löwe und Widder ist die Steinmetzkunst ein hervorragendes Medium.

Großes Bild Mitte
Zwei lebensgroße Schwäne heben soeben von einem Seerosenteich ab.

Tiere sind wohl das beliebteste Sujet der Skulptur für den Garten. Sie sind unsere Freunde und Helfer und Vorbilder an Tapferkeit und Treue. Vielleicht besitzt jemand ein geliebtes Haustier oder interessiert sich für eine bestimmte wilde Tierart und möchte seine possierlichen Eigenarten oder seine edle Gestalt darstellen. Auch Kindheitserinnerungen spielen eine große Rolle, und es ist besonders tröstlich, einen alten Gefährten zu verewigen, der uns in unseren frühen Abenteuern so treuen Beistand leistete.

Der Städter hat häufig nur eingeschränkte Begegnungsmöglichkeiten mit Tieren der freien Wildbahn; daher findet er es oft besonders erfrischend, metaphorisch solche herbeizuführen. Ein einsames Schaf im Mondlicht, vom Land importiert, hat etwas beinahe Surrealistisches an sich, während eine kratzende Hühnerschar die entspannende Atmosphäre eines Bauernhofs evoziert.

Tierskulpturen bieten reichlich Gelegenheit für amüsante und heitere Darstellungen, ohne dabei kitschig zu sein: eine typische Positur wirkt immer und Geschöpfe aus natürlichen Materialien wie Weiden, Stroh oder Buchs sind besonders lebensecht. Zur Zeit finden Gestalten aus grobem Maschendraht besonderen Anklang; aus immer neuen Schichten entsteht die endgültige

Form. Das Endergebnis, etwa eine lebensgroße Gans oder ein Schaf, wird häufig noch zum Galvanisieren in Zink getaucht oder sogar mit Eisenoxidrot eingesprüht. Draht ist ein ausgesprochen vielseitiges Material, leicht zu handhaben und optisch äußerst wirkungsvoll; zudem ist es praktisch, da es genügend Gewicht hat, um sicher zu stehen.

Hohle Drahtformen sind ideal für „lebende Skulpturen", wenn man sie mit immergrünem Efeu überwuchern lässt. Sie sind in allen möglichen Formen erhältlich, darunter Pfauen, Schwäne und Alligatoren; manche handgefertigten Stücke sind so anmutig, dass sie selbst unbepflanzt als Skulptur dienen können.

Für Wasserspiele sind Amphibien und Fische die perfekte Begleitung. Hier stehen spangrüne Bronzefrösche auf Seerosenblättern und Wasser speiende Terrakotta-Karpfen zur Auswahl, oder man installiert eine Wolke metallener Eintagsfliegen, die an feinen Drähten tanzen.

Wer Räuber von wertvollen Teichfischen fernhalten will, verzeichnet vielleicht mit einem hohen, in Bronze gegossenen Kranich die gewünschte Wirkung – besonders wenn er diesen von Zeit zu Zeit versetzt, um tierische Fischer zu verwirren. Wer andererseits Zugvögel anlocken möchte, kann mit einigen Lockvögeln auf einem größeren Teich ausgesetzt seltene Gäste aus fernen Ländern überreden, zu einem Entengrützen-Mahl vorbeizuschauen. Ist der Teich nach ihrem Geschmack, beschließen sie vielleicht, ihren Urlaub dort zu verbringen oder sogar ein Nest zu bauen.

Flüchtige Besucher aus der Tierwelt sind leicht in Skulpturenform festgehalten. Eine Vogeltränke wird zum ständigen Rastplatz eines steinernen Rotkehlchens oder Sperlings; Stare reihen sich auf einer Mauer auf, und Tauben verbringen den Tag auf dem Ziegeldach. Ein Igel aus Stein sitzt halb versteckt im Blumenbeet und wartet geduldig auf einen Wurm, und auf dem Rasen beäugt eine Bronzedrossel eine übergroße Messingschnecke, die in Wahrheit ein raffiniert getarnter Rasensprenger ist.

Die Verarbeitung von Weidenruten ist eine Handwerkskunst mit langer Tradition; dem Anfänger mag sie ein wenig Schwierigkeiten bereiten, doch die Arbeit mit den natürlichen Materialien ist äußerst befriedigend. Dieses Schweinchen ist aus Haselstangen und Weidenruten gefertigt, und beide finden Sie im Wald und nahe Feuchtgebieten. Haben Sie dazu keine Gelegenheit, können Sie Ihr Material auch aus dem Handel beziehen.

SCHWEINCHEN AUS WEIDE UND HASEL

1

2

Benötigtes Material und Werkzeug

Holz für das Grundgerüst, etwa 60 mm stark
1–2 Bund Weidenruten, je nachdem, wie dick das Schweinchen werden soll
4 Haselstangen, etwa 50 mm Durchmesser
elektrische Stichsäge (optional)
8 Nägel, 80–90 mm lang
Zimmermannshammer
Handsäge
Hühnerdraht von der Rolle
Handschuhe
Drahtzange oder Blechschere
Kombizange
steifen Draht, 5 mm dick
Leinöl und Terpentin (optional)

Vorbereitungen

Geschälte Weidenruten, nach Größe sortiert, wie sie von Korbmachern verwendet werden, erhalten Sie im Gartencenter und beim Weidenanbieter; für dieses Schweinchen jedoch wird „raue" Weide verwendet, mit anderen Worten naturbelassene Weidenruten. Ein Bund „raue" Weide enthält Ruten in unterschiedlichen Längen und Stärken. Wer nur sortierte Weide erhalten kann, sollte unbedingt um ungeschälte Korbweide bitten, nicht mehr als bleistiftdick und etwa 150 cm lang. Für das Schweinchen sind etwa zwei Bund Weidenruten nötig. Seine Beine sind aus Haselstangen gemacht; Hasel wird in Bündeln von 25 Stangen angeboten.

1 Das Grundgerüst für den Schweinekörper fertigen Sie nach der Schablone auf Seite 155.

2 Nageln Sie die Beine der Abbildung entsprechend an das Gerüst. Wenn Sie nicht selbst über eine Stichsäge verfügen, müssen Sie sich die Aussparungen vom Tischler arbeiten lassen. Versuchen Sie, einer der Beine leicht abzuwinkeln, damit das Schweinchen natürlicher und nicht zu statisch wirkt. Gleichen Sie eventuell die Beinlängen aus, damit das Schwein auch gerade steht.

3 Schrägen Sie die Beinenden zu Hufen an.

4 Schneiden Sie ein rechteckiges Stück Hühnerdraht zu. Es sollte etwa 120 cm lang sein; die Breite hängt davon ab, wie dick Ihr Schwein werden soll.

5 Legen Sie das Grundgerüst kopfüber so auf den Hühnerdraht, dass am Schwanzende noch etwa 30 cm überstehen. Am Kopfende sollte so viel Draht überstehen, dass Sie daraus den Kopf modellieren können. Schneiden Sie den Hühnerdraht bei den Beinen ein wenig ein, sodass Sie ihn darum biegen können.

6 Verdrahten Sie die offenen Seiten des Hühnerdrahts am Bauch mit der Kombizange.

7 Drücken Sie am Kopfende mit den Händen einen netten Rüssel zurecht. Lassen Sie die Öffnung am Hals so

3

4

5

6

7

groß, dass Sie den Kopf noch ausstopfen können.

8 Füllen Sie als Erstes den Schweinsrüssel mit Weidenruten aus; stopfen Sie nach und nach das ganze Schweinchen weiter aus, bis Sie sich zum Rücken hochgearbeitet haben. Fügen Sie außen weitere Lagen hinzu; flechten Sie dabei die Ruten durch den Hühnerdraht und bauen Sie die Gestalt des Schweins auf. Treten Sie von Zeit zu Zeit einen Schritt zurück, um die Gesamtwirkung zu begutachten.

8

9

10

11

9 Umwickeln und umflechten Sie den Rüssel und die Beine oben mit Weidenruten.

10 Überlegen Sie, wo und wie genau Sie die Ohren haben möchten. Schieben Sie hier den steifen Draht ein und biegen Sie ihn für die Ohren zurecht. Betrachten Sie Ihr Werk aus der Entfernung, denn unnatürliche Ohren lassen das ganze Schweinchen nicht lebensecht wirken. Verweben Sie Weidenruten um die Drähte und bauen Sie so die Ohren auf.

11 Schneiden Sie ein rundes Stück Hühnerdraht für das Hinterteil des Schweinchens zurecht. Befestigen Sie dieses Stück auf die gleiche Weise, wie Sie den Bauch des Schweins verdrahtet haben. Fädeln und weben Sie immer mehr Weide durch und um das Hinterteil, bis der Hühnerdraht nicht mehr zu sehen ist. Der Ringelschwanz entsteht aus der dünnen Rute, mit der das Weidenbündel berschnürt war.

12

Oben
Das Schweinchen ist ein amüsantes Gartenornament, das Kindern wie Erwachsenen gleichermaßen gefallen wird.

12 Füllen Sie noch die letzten kahlen Stellen mit Weide aus. Das Schweinchen ist nicht vollkommen witterungsbeständig und benötigt bei anhaltend schlechtem Wetter und im Winter einen Unterstand. Eine Mischung aus gekochtem Leinöl und Terpentin im Verhältnis 1:1 wird seine Haltbarkeit jedoch verbessern. Diese Appretur darf grundsätzlich nur auf das vollkommen trockene Objekt aufgebracht werden, da sonst die Feuchtigkeit nicht ferngehalten, sondern versiegelt wird.

ABSTRAKTE KUNST AUS HOLZ UND STEIN

Die Wertschätzung von Kunst ist eine subjektive Angelegenheit, denn jeder Mensch hat seine eigenen Vorstellungen von Schönheit und Form. Wie jede andere Sparte der bildenden Kunst ist auch die plastische nicht notwendigerweise figurativ oder darstellend; sie kann im Gegenteil hintergründig suggestiv oder vollkommen abstrakt sein. Tatsächlich ist die natürliche Umgebung im Garten ein ausgesprochen passender Schauplatz für solch ein besinnliches Werk.

Im 20. Jahrhundert hat sich unsere Wahrnehmungsweise gewandelt; menschliche und tierische Formen wurden bis auf ihre Grundbausteine Form und Emotion reduziert. In einer Welt, die in Fotografie und Film festgehalten wird, fragt der Mensch nicht mehr nach Repräsentation als Existenzbeweis; stattdessen ist es sein Bestreben, innere Gefühle, Idealismus und Glaubensüberzeugungen auszudrücken. In den Werken von Henry Moore und Barbara Hepworth brach sich eine künstlerische Revolution der plastischen Ausdrucksweise Bahn. Moores Monumentalwerke aus Stein und Marmor drücken große Kraft und gleichzeitig Sensibilität aus, während Hepworths fließende Kurven voller Inspiration einen Weg weisen, dem zahlreiche Künstler seither gefolgt sind.

Interessanterweise scheint auf diese emotionale Subjektivität eine neue Form des „Trans-Realismus“ zu folgen, welcher alltägliche Objekte auf neue Weise zusammenfügt, um unsere unreflektierte Akzeptanz sowohl von gewohnter Umgebung als auch von Ereignissen internationaler Tragweite herauszufordern.

Eines der größten Privilegien im Leben ist es, eine einzigartige künstlerische Schöpfung sein Eigen zu nennen. Eine

Alle Abbildungen
Abstrakte Formen wirken in einem Garten oder Waldstück ganz besonders reizvoll. Zwei dieser Skulpturen wurden von Künstlerhand aus Baumstämmen geschaffen, während die anderen beiden aus sorgsam ausgewählten Fundstücken gestaltet sind.

Oben
Nigel Ross:
„Pictish Spiral Bench“, grüne Eiche.

Rechts
Ivan Hicks:
„Small Mound of Stones“.

Links
Ivan Hicks: „Old Balustrades".

Unten
Giles Kent: „Trunks", aus Eichenstämmen ausgehöhlt und -gebrannt.

sorgfältig gewählte und positionierte Plastik kann zum neuen Mittelpunkt einer ganzen Gartenanlage werden und ein Leben lang Freude bereiten. Den Künstler und seine Gedanken zum Werk zu kennen, vergrößert unsere Wertschätzung ungemein. Unsere Kenntnis des Schaffensprozesses und der Einfluss, den die Materialwahl auf das Erscheinungsbild und das optische Gewicht ausübt, intensivieren ebenfalls unser Erlebnis. Die Zahl der Galerien und Parks, in

denen außerordentlich vielfältige Gartenskulpturen ausgestellt sind, wächst unablässig. Internationale Ereignisse wie die Chelsea Flower Show in London bieten eine ausgezeichnete Gelegenheit, Künstler kennenzulernen und neue Arbeiten zu sehen.

Stein und Holz sprechen beide den Tastsinn unmittelbar an; auch lassen sich beide ausgezeichnet mit der Hand bearbeiten. Stein und Marmor sind schwer und kühl; sie stellen hohe Anforderungen an ihre Gestaltung. Ihre Herkunft und Zusammensetzung bestimmen, ob sie nach dem Glätten und Polieren einen gleichmäßigen, seidigen Glanz annehmen oder eine rauere, körnige Struktur beibehalten. Obwohl auch Holz schwer von Gewicht ist, suggeriert es doch eine gewisse optische Leichtigkeit, und Auge wie Hand nehmen es als warm und nachgiebig wahr; seine Bearbeitung ist relativ einfach. Die Inspiration für eine bestimmte Skulptur ergibt sich häufig direkt aus der Form und Textur des Werkstoffs. Mancher Künstler besucht vielleicht einen Steinbruch, um dort eine bestimmte Gesteinsschichtung oder -färbung auszuwählen, oder er wählt ein ganz bestimmtes Stück Holz.

Selbst ganz ohne bildhauerische Erfahrung kann man aus gefundenen Objekten eine eigene Skulptur schaffen. Ein bizarr gekrümmtes Stück Treibholz oder eine alte Rebe sind für sich schon interessant, und eine bunte Sammlung von Fundstücken lässt sich auf beliebige Weise arrangieren. Man kann sie zurechtsägen, durchbohren und zusammennageln, ansengen oder sogar bemalen, um den gewünschten Effekt zu erzielen. Es lohnt sich, mit unterschiedlichen Oberflächen und Kombinationen zu experimentieren und dabei vielleicht auch andere Materialien zu integrieren, wie Seil oder Stein.

Wer sich hingegen von japanischen Zen-Gärten inspirieren lässt, türmt womöglich eine Steinsammlung zu einem hohen Steinmal auf. Flache Kiesel unterschiedlicher Farbe und Größe lassen sich zu einem interessanten „Totem-Zeichen" aufschichten. Größere Steine werden zu einer druidischen Kultstätte aufgestellt, welche sich Stonehenge zum Vorbild nimmt. Nur durch die Fantasie sind hier der Experimentierfreudigkeit Grenzen gesetzt.

ABSTRAKTE METALL-KUNST

Bis zum Ende des 19. Jahrhunderts war das Konzept der Metallplastik auf den Guss repräsentativer Statuen aus teurer Bronze beschränkt. Inzwischen haben Naum Gabo und Richard Serra mit ihren riesigen, übermächtigen Schöpfungen aus geschweißtem Stahl unsere Wahrnehmung der modernen Skulptur vollkommen revolutioniert.

Gabo war im Russland des frühen 20. Jahrhunderts ein Pionier des Konstruktivismus, dessen Skulpturen aus vereinfachten Grundelementen aufgebaut sind. Er nützte fasziniert die neu entwickelten Techniken des Maschi-

Bedenkt man, welch immensen Einfluss Stahl sowohl auf den Hausbau als auch auf das Transportwesen des 20. Jahrhunderts hatte, so macht es Sinn, ihn auch in der Kunst als Werkstoff einzusetzen. Stahl gibt es in vielen unterschiedlichen Verarbeitungsformen und Stärken. In einem modernen Garten kann polierter Edelstahl in seiner ganzen glänzenden Pracht allein stehen oder von Wasser überspült werden. Cortenstahl setzt mit voller Absicht eine rostige Patina an, jedoch ohne abzufärben oder sich zu zersetzen, was ihn perfekt macht für Kombinationen mit Stein oder Beton.

Alle Abbildungen
Je nach Verarbeitung kann Metall vollkommen unterschiedliche Charakterzüge aufweisen. Typisch für gegossenes Metall ist seine hochgradige Dichte; leichter dagegen wirken handgearbeitete fließende Formen, etwa Blätter, oder auch luftig konstruierte Drahtskulpturen.

nenbaus und nietete und schweißte massive Stahlplatten zusammen; zu seinen berühmten Arbeiten zählt eine Serie riesiger und doch unsagbar schöner „Konstruierter Köpfe“. Serras jüngste Arbeiten in den USA haben dicke Platten aus Cortenstahl zum Gegenstand, 60 cm stark, 4 m hoch und bis zu 10 m lang. Diese sind zu gekrümmten, parallelen Wänden zusammengesetzt und zu verlockend geschlungenen ringförmigen Umfriedungen von gespenstischer, überwältigender Präsenz.

Es wird allmählich deutlich, dass das Wort „Skulptur“ in seiner Bedeutung nicht unbedingt auf ein Original von einem bekannten Künstler festgelegt ist. Skulpturen brauchen nicht ernst und gesetzt zu sein, und Gärten können gewiss von einem Sinn für Geheimnis und Humor profitieren. Auf Schrottplätzen lagert eine Unmenge rostender Metallteile und Mechanik, die nur darauf wartet, in neue Fantasiegebilde verwandelt zu werden. Es ist äußerst befriedigend, ein weggeworfenes Stück Schrott in einer eigenen Kreation wiedererstehen zu lassen. Solche Stücke lassen sich in Brunnenanlagen einzubringen, an Äste hängen oder mit Pflanzen umwinden. Sie können als gewichtige Aussage allein dastehen oder als geistreiche Überraschung plötzlich in einer Rabatte hervortreten.

Es gibt keine Regeln, an die es sich zu halten gilt, wenn man eine eigene Skulptur ersinnt und schafft: Alles Ansprechende kann Teil eines Kunstwerks werden. Stahlstäbe, Zahnräder und Unterlegscheiben, Maschinenteile und Benzinkanister, Leitungsrohre und Abluftröhren sind alle potenzielle Bestandteile: unorthodoxe Denkmethoden kennen keine Grenzen. Rohrleitungen und große Dosen lassen sich auch zum Dienst als ausgefallene Pflanzgefäße heranziehen.

Das äußere Erscheinungsbild von rostüberzogenem Stahl ist ein Bonus, denn er wirkt zwischen Pflanzen gleich zu Hause. Edelstahl kann auf Hochglanz poliert oder auf unterschiedliche Weise mattiert werden; da er nicht rostet, verliert er seinen Glanz nie. Galvanisierter Stahldraht ist biegsam; man kann aus ihm unzählige Formen gestalten oder einfach andere Bauteile damit zusammenhalten.

Auch andere Metalle haben interessante Eigenschaften. Kupfer, als Blech und als Draht erhältlich, oxidiert zu einem Überzug aus Grünspan. Rostfreies, glänzendes Aluminiumblech ist biegsam und kann mit der Blechschere zurechtgeschnitten werden. Zinkblech lässt sich knicken und auf eine hölzerne Unterlage nageln. Titan ist sanft reflektierend und nimmt Farben an, welche die Stimmungen des Himmels und der Beleuchtung spiegeln.

Auf diesem Gebiet bewegt man sich nicht ganz gefahrlos; daher gilt es, gut ausgerüstet und mit Schutzkleidung ausgestattet zu sein. Steht keine Schweißwerkstatt zur Verfügung, wird man sich damit begnügen, weniger schwere Teile durch Schrauben, Draht oder Bolzen zu verbinden.

Gegenüber links
Victoria Rance: „Butterfly Gate“, aus galvanisiertem Stahl gearbeitet.

Gegenüber Mitte
Peter Clarke: „Organic Form“, Kupfer.

Gegenüber rechts
Helen Sinclair: „King and Queen“, Bronze.

Oben links
Peter Clarke: „Cosmic Tree“, Kupfer, Detailansicht.

Oben Mitte und rechts
Helen Sinclair: „Euridice“, zwei Ausführungen in Holz und Bronze.

Ein Gartenornament muss nicht notwendigerweise groß und lange haltbar sein. Dieses metallene Mobile, das aus alten Getränkedosen gemacht ist, veranschaulicht das sehr schön; man kann damit einen Baum, einen Brunnen oder eine Sitzecke schmücken. Das Aluminium wird nach einer Weile seinen Glanz einbüßen, doch einen Sommer lang ist dieses bezaubernde Ornament ein Lichtpunkt in Ihrem Garten.

MOBILE AUS METALL

Benötigtes Material und Werkzeug

zwei Getränkedosen à 500 ml
Schmirgelpapier, mittlere Körnung
spitzer Nagel
Hammer
Handschuhe
scharfes Messer
Schere oder Blechschere
Schraubenzieher oder Bleistift
16–18 durchsichtige Glassteine
Tesakrepp (Abklebeband)
Klebstoff (für Metall und Glas)
dünner Draht
Schlüssel- oder Gardinenring

1

1 Entfernen Sie mit dem Schmirgelpapier vorsichtig den Aufdruck von den Dosen, bis sie blankes Aluminium sind. Achten Sie darauf, dass Sie die Dosen dabei nicht verbeulen. Es lässt sich leichter arbeiten, wenn die Dosen noch voll sind, weil sie dann eine stabilere Oberfläche bieten.

2 Schlagen Sie in die Oberseite der ersten Dose mit Hammer und Nagel drei Lochpaare – bei 12:00, 4:00 und 8:00 Uhr. Entfernen Sie den Aufreißring.

3 Stechen Sie dieselbe Dose oberhalb des Bodens mit einem scharfen Messer ein und schneiden Sie den Boden mit einer Schere oder Blechschere ab. Begradigen Sie die Kante. Trennen Sie von der zweiten Dose *den Deckel* ab.

4 Zerschneiden Sie die Dosenseiten vom offenen Ende her in etwa 18 mm breite Streifen. Dies sollte 16 bis 18 Streifen ergeben.

5 Rollen Sie die Streifen einzeln über einen Schraubenzieher oder Bleistift zu dekorativen Voluten auf.

6 Rollen Sie einen Teil der Streifen nach außen und einen Teil nach innen auf.

2

3

4

5

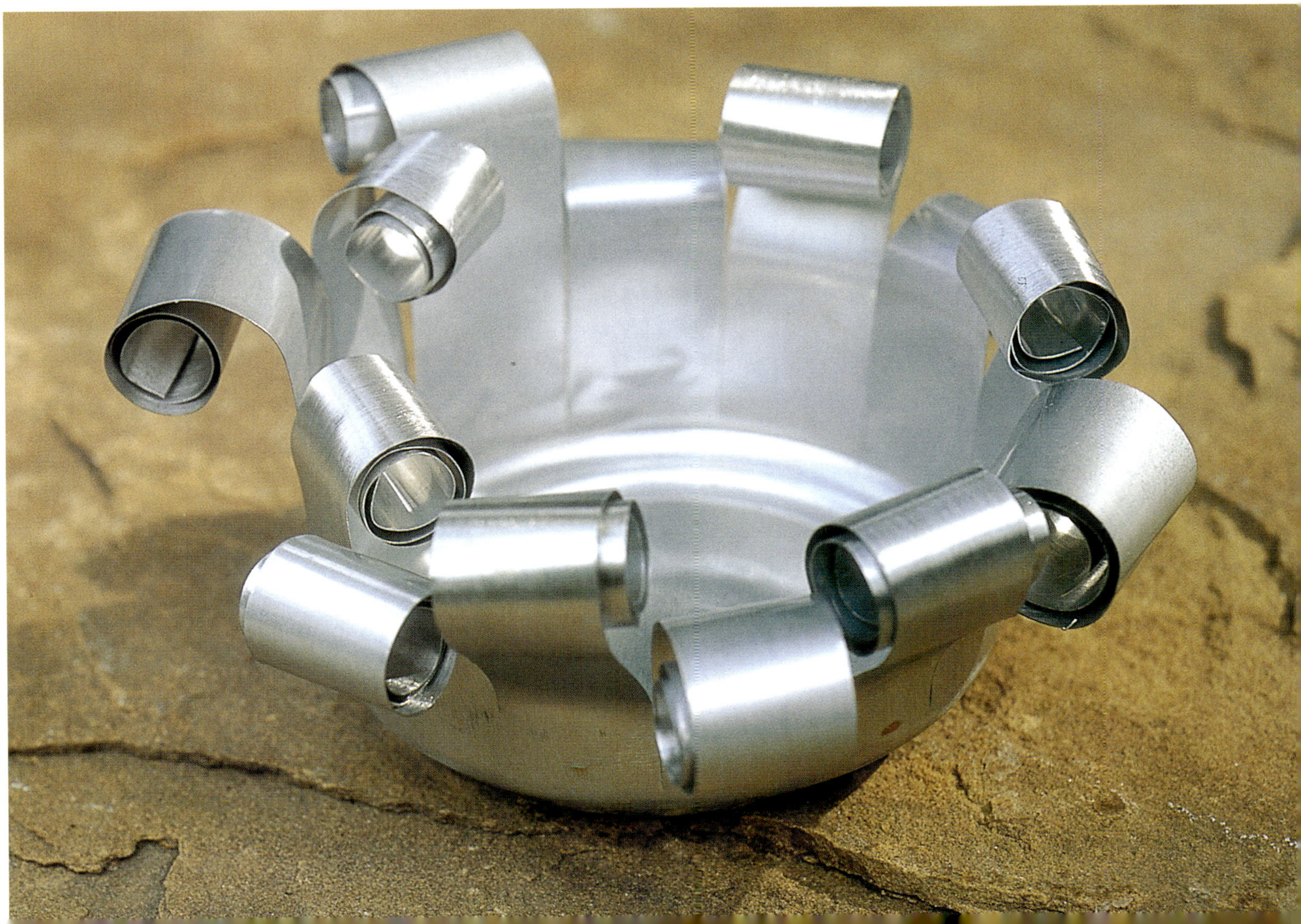

6

7

8

7 Kleben Sie einen der Glassteine auf ein Stück Klebeband; entrollen Sie dann vorsichtig eine Volute, bis der Stein hineinpasst. Halten Sie den Glasstein mit Hilfe des Klebebandes dort fest und setzen Sie einige Klebstofftropfen um seinen Rand. Ziehen Sie das Klebeband ab, sobald der Klebstoff den Stein hält (nach etwa 30 Sekunden).

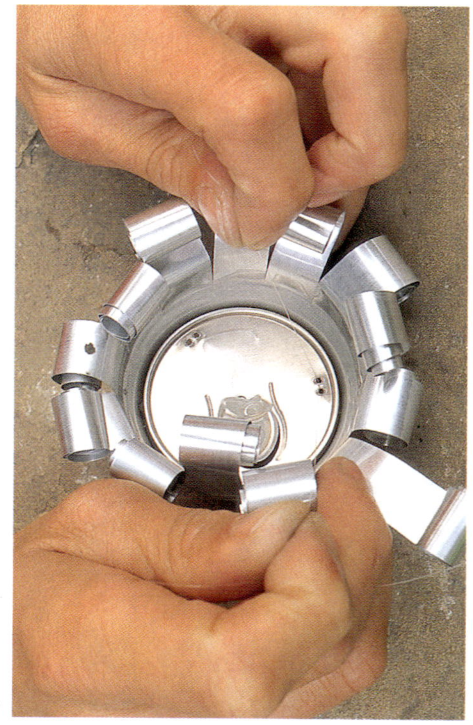

9

10

8 Kleben Sie in jede zweite Volute einen Glasstein.

9 Fädeln Sie durch jedes Lochpaar der ersten Dose einen Draht von etwa 15 cm Länge und verzwirbeln Sie jeweils die Enden.

10 Kleben Sie die beiden Dosen aneinander. Ist der Klebstoff getrocknet, biegen Sie die Voluten vorsichtig zu einem gefälligen Arrangement zurecht. Verzwirbeln Sie die drei Drähte in der Mitte und bringen Sie daran einen weiteren Draht zum Aufhängen an. Befestigen Sie sein Ende an einem Schlüssel- oder Gardinenring. Kontrollieren Sie, ob das Mobile gerade hängt.

Rechts
Das fertige Mobile aus Metall findet schnell einen Platz an einem Baum. Hier ist der Kontrast zu der knorrigen Rinde besonders reizvoll.

LEBENDE SCHMUCK-STÜCKE

Wir assoziieren den Begriff der Gartenornamentik im Allgemeinen mit leblosen Objekten. Das Pflanzenreich jedoch eröffnet eine zusätzliche Dimension, in der Form und Gestalt, Textur und Farbe ihre plastische Wirkung entfalten. Pflanzen zu einer Form zu erziehen, erfordert Kenntnisse ihres arttypischen wie auch saisonbedingten Wachstumsverhaltens; Erfolg ist auf lange Sicht ausgelegt.

Der Formschnitt ist die bekannteste Art des Pflanzenmodellierens. Am häufigsten werden immergrüne Spezies dafür herangezogen; Buchsbaum *(Buxus sempervirens)*, Eibe *(Taxus baccata)* und Lorbeer *(Laurus nobilis)* sind besonders populär, doch viele andere Arten, wie Kamelie, Rosmarin und Feuerdorn zeitigen ebenso interessante Resultate.

Der Hauptanwendungsbereich des Formschnitts ist architektonischer Natur; hierunter fallen Einfriedungen ebenso wie Objektdarstellungen. Geschnittene Hecken sind die übliche Gestaltungsmaßnahme in formalen Anlagen: an Wegen, als Sichtschutz, als Kulisse für eine Statue oder Umfriedung eines Parterres. In der Höhe variieren sie von weniger als einem Meter bis zu etwa drei oder vier Metern, je nach Größe des Geländes.

Eibe ist ausgesprochen beliebt, da sie dicht und immergrün zu einer ansehnlichen Höhe heranwächst und sich rücksichtslos beschneiden lässt, wenn nötig bis fast zum Boden. Ihr einziger Nachteil ist, dass sie relativ langsam an Höhe gewinnt. Lawsons Scheinzypresse *(Chamaecyparis lawsoniana)* dagegen etabliert sich schnell und ist – vorausgesetzt, dass sie regelmäßig in ihre Grenzen verwiesen wird – eine ausgezeichnete Heckenpflanze. Auch Hainbuche *(Carpinus)* ist beliebt. Sie wächst hoch und ist im Sommer dicht belaubt; da sie jedoch winterkahl ist, wirkt sie nicht in dem Maße räumlich trennend wie eine immergrüne Hecke.

Der obere Rand einer Hecke lässt sich aus neuem Wuchs oftmals formenreich gestalten. Burgzinnen sind eine Möglichkeit; Vögel und andere Tierfiguren können eine Geschichte erzählen oder einen Durchgang rahmen. Zu hoch gewachsene Hecken und übergroße Sträucher lassen sich in fantastische Kreationen verwandeln – Lokomotiven und Ozeandampfer, Ruderboote und

Oben links
Mit einer Punk-Frisur aus Goldener Segge erwacht dieser Kunstharz-Kopf zum Leben.

Oben Mitte
Formsträucher sind die älteste Ausdrucksform lebender Skulptur.

Oben rechts
Zwei blaue Atlaszedern *(Cedrus atlantica f. glauca)* sind zu einem Portal verschlungen. Alle Triebe, die nach innen weisen, werden entfernt, um die Form der Stämme zu entblößen und gleichzeitig dichteren Wuchs an der Außenseite zu stimulieren.

Helikopter. Momentan ist es ganz besonders modern, ein einzelnes Formgehölz in einem Kübel auf der Terrasse zu ziehen; da ein Formschnitt erst nach Jahren ausgereift ist, hat dies den Vorteil, dass die Schöpfung gegebenenfalls mit umziehen kann.

Andere Arten des Formschnitts, die in ihrem Wesen der Architektur näher kommen, nehmen eine Hecke zum Ausgang. Man kann zum Beispiel eine Hecke mit Fensteröffnungen versehen, die interessante Ausblicke gewähren. Eine Reihe von Schlitzen gibt den Weg oder den Blick auf einen benachbarten Bereich frei, während eine Nische eine Skulptur oder einen Sitzplatz beherbergt.

Abstrakte Formen – Obelisken, Kegel und Spiralen – bilden einen guten Rahmen für eine Tür oder einen Durchgang, und in einem formalen Parterre dienen sie als vertikales Moment, das die Struktur der Anlage hervorhebt. Im Fernen Osten ist der kunstvolle Wolkenschnitt als formales Statement beliebt. Hierfür wird die Pflanze derart beschnitten, dass ihre Wuchsform klar hervortritt und nur an der Oberseite des Geästs wolkenförmiges Grün stehen bleibt.

Die Gartenschere ist das Instrument, welches dicht wachsenden Sträuchern Kontur verleiht; andere Arten werden durch andere Hilfsmittel in Form gebracht. Lässt man Kletterpflanzen ihren Willen, so entwickeln sie sich rasch zu einem Wirrwarr von Blättern und Blüten. Ein Rankgerüst in Gestalt eines Kegels oder einer großen Kugel lässt bei Klematis, Jasmin und Winde dagegen jede einzelne Blüte perfekt zur Geltung kommt. Unterschiedliche Efeusorten im Kübel lassen sich auf dieselbe Weise im Nu in immergrüne Obelisken verwandeln.

Die Linde *(Tilia)* und die Hainbuche gehören zu jenen Bäumen, die sich zum Verflechten eignen. Hierzu werden die jungen Bäume im Abstand von ein bis zwei Metern in einer Reihe angepflanzt; ihre unteren Zweige werden entfernt, die oberen dagegen an waagerechten Drähten entlanggeführt, bis die einzelnen Pflanzen schließlich miteinander verwachsen. Beiderseits eines Weges bilden sie so eine Allee, die im unteren Bereich einen ungehinderten Ausblick auf die Landschaft freigibt und gleichzeitig in luftiger Höhe als grünes Weggeleit dient.

Ein besonders ausgefallenes Verfahren, Bäume zu modellieren, nutzt die Fähigkeit der Rinde, Fremdkörper zu überwuchern. Bäume und Sträucher können so zu einer wahrhaftig lebenden Plastik werden. Alle möglichen Baumarten lassen sich in ihrem Jugendstadium zu unterschiedlichen Gestalten krümmen. Ein Portal oder eine Pergola entsteht aus zwei oder mehr Bäumen, die, einander zugeneigt, sich in der Mitte vereinigen. Wer es auf die Spitze treiben möchte, verflicht die verbleibenden Leittriebe zu einer krönenden Kugel oder einem herzförmigen Abschluss.

Oben Mitte
Unter den Koniferen wie Thuja und Zypressen finden sich dicht wachsende, schmale Sorten. Hier wurden zwei säulenförmige Exemplare verkreuzt und unterhalb der Triebspitzen zu einem architektonisch außergewöhnlichen Giebel zusammengebunden.

Oben rechts
Ein Pflanzensolitär, wie diese *Agave americana*, kann ganz ohne weiteres Zutun eine plastische Wirkung entfalten.

Der Wolkenformschnitt wird auf eine Tradition buddhistischer Mönche zurückgeführt, deren Bestreben es war, die asymmetrische Erscheinung ausgewachsener, sturmgebeugter Kiefern in kleinerem Maßstab nachzuempfinden. Die Kunstform, die in sich Einflüsse sowohl des Formschnitts als auch der Bonsai-Kunst vereinigt, transformiert einen buschig gewachsenen Strauch in einen Miniaturbaum, dessen wolkenförmiges Grün hoch auf dem verzweigten Geäst steht. Ein Wolkenformschnitt ist in einem großen dekorativen Gefäß besonders eindrucksvoll; es ist jedoch äußerst wichtig, dass der Wurzelballen des Strauches nicht austrocknet.

WOLKEN-STRAUCH

Benötigtes Material und Werkzeug

ein buschig gewachsener Strauch, 60–120 cm hoch
farbiges Garn (Strickwolle) oder Flatterband
Gartenschere

Geeignete Pflanzen

Buchsbaum *(Buxus sempervirens)*
japanischer Ilex *(Ilex crenata)*
japanische Azalee *(Rhododendron* sp.)
Lumamyrte *(Luma apiculata)*
Brautmyrte *(Myrtus communis)*
Kiefer *(Pinus)*
Wacholder *(Juniperus)*
Fichte *(Picea)*
Tanne *(Abies)*

1

2

1 Wählen Sie einen geeigneten Strauch, wie Buchsbaum, japanischen Ilex oder eine andere kleinblättrige, immergrüne Art, die auf Beschneiden positiv anspricht. Ein großer Strauch vom Gartencenter ist im Allgemeinen teuer; es lohnt sich daher, sich im eigenen Garten nach einem passenden Objekt umzusehen, besonders, wenn es sich um einen ersten Versuch handelt. Halten Sie nach einem Strauch mit einem guten Wachtumsgerüst Ausschau.

2 Biegen Sie die Zweige auseinander, bis Sie den Astaufbau gut erkennen können. Ideal sind ein oder mehrere Haupttäste mit kräftigen Seitentrieben.

3 Entscheiden Sie, welche Seitentriebe Sie entfernen wollen, um den Strauch auszulichten. Es ist wichtig, dass Sie diesen Schritt in Ruhe planen, bevor Sie die Gartenschere zur Hand nehmen. Markieren Sie die Triebe, die Sie stehen lassen wollen, mit dem bunten Garn oder Band. Sie werden in etwa die Hälfte der Zweige herausnehmen müssen.

3

4

5

4 Entfernen Sie die unerwünschten Zweige; zu diesem Zeitpunkt bleiben jedoch mehr stehen, als Sie letzten Endes benötigen. Drehen Sie die Pflanze und nehmen Sie ab und zu Abstand, um sich eine Vorstellung von der endgültigen Form zu machen.

5 Die einzelnen Blätterkronen werden nun mit der Gartenschere in eine vage Pompom-Form gebracht. Die Blatt-„Wolken" lassen sich nach und nach zu einer Kugel- oder abgeflachten Pilzform erziehen, wobei die Letztere wesentlich authentischer ist. Die einzelnen Wolken sollten sich in Form und Größe unterscheiden, mit der größten zuoberst. Auch sollte dazwischen jeweils etwas Freiraum bleiben.

6 Befreien Sie die Hauptzweige von Blättern und feinem Geäst.

6

7

8

7 Bestimmen Sie nun diejenigen Zweige und Wolken, die das Bild noch stören; belassen Sie jedoch ein oder zwei im Inneren der Struktur.

8 Schneiden Sie die Tuffs ziemlich radikal zurück, um kompakten neuen Wuchs anzuregen. In der Folge werden Sie eventuell feststellen, dass Sie weitere Wolken entfernen müssen, um einen dichtgedrängten Eindruck zu vermeiden. Die Wolken sollten sich möglichst nicht berühren. Nötigenfalls kann man die Zweige mit Hilfe von Draht oder Holzkeilen auseinanderspreizen.

Rechts
Vor einem tiefblauen Himmel treten die grünen Blattwolken dieses Formstrauches besonders plastisch hervor.

Pflege

Der ideale Zeitpunkt für einen Rückschnitt ist im Frühjahr nach dem letzten Frost; auf diese Weise wird der Neuaustrieb vor Frostschäden bewahrt. Schneiden Sie ein oder zwei Mal während des Sommers nach, um die Form zu erhalten und zu verbessern. Wie oft Sie schneiden, hängt von der Wuchsfreudigkeit der Pflanze ab. Ziehen Sie Ihr Exemplar in einem Topf, so benötigt es neben Wasser auch regelmäßige Düngergaben. Sträucher, die im Container gehalten werden, reagieren auf Trockenheit sehr empfindlich, obwohl sie keinerlei Stresssymptome zeigen, bevor es zu spät ist. Formsträucher sind wertvolle Gehölze, die aufmerksam gehegt und gepflegt sein wollen; achten Sie daher gut darauf, dass Ihr Exemplar nicht austrocknet.

BELEUCHTUNG

Mit der Installation von Beleuchtung kann ein Garten auf einen Schlag vollkommen verwandelt werden kann. Ein erleuchteter Garten wird zu einem zusätzlichen Raum, zu einer Erweiterung des Hauses an einer Stelle, an der zuvor ein schwarzes Loch gähnte. Im Sommer ist dies lediglich ein Bonus, im Winter jedoch ein wahrer Segen, und dies ganz besonders für den Gärtner, der fern vom Äquator lebt. Manch ein Gartenenthusiast muss sich damit zufrieden geben, seinen Garten während der Woche nur bei Nacht zu erleben; der Vorteil ist somit auf einen Blick zu erkennen.

Oben rechts
Die sanft geschwungenen Äste dieses kleinen schmiedeeisernen „Kerzenbaumes“ fügen sich herrlich in ihre grüne Umgebung ein.

Mitte links
Mit Kerzen bestückte Gartenlaternen sind eine attraktive und variable Gartenbeleuchtung.

Großes Bild Mitte
Niedervolt-Lichterketten schmücken diese metallenen Bögen; des Nachts sorgen sie in dem Rankentunnel für magisches Licht. Winzige Strahler in Bodenhöhe setzen zusätzliche Akzente und dienen dem Besucher als Wegbeleuchtung.

Gegenüber oben links
Bei gutem Design wird aus einer Standleuchte eine Attraktion. Diese pilzförmige Wegleuchte aus Messing dient einer Treppe als Markierung und Beleuchtung.

Gegenüber Mitte rechts
Das großartige schmiedeeiserne Eingangstor krönt eine prächtige Laterne, die dem nächtlichen Heimkehrer den Weg weist.

Leuchten gibt es in unglaublicher Vielzahl; sie fallen in die Kategorien Sicherheits- und Allgemeinbeleuchtung, Bodenspots, Flutlicht und Akzent-Beleuchtung. Bodenspots bewirken im Allgemeinen den gefühlvollsten Effekt, wobei der Schlüssel zum Erfolg in der Zurückhaltung liegt. Hier gilt es, sich eine Vorstellung von der beabsichtigten Wirkung zu machen und dann zu versuchen, diese mit der kleinstmöglichen Leuchte zu erzielen.

Unaufdringlich und attraktiv als Wegbeleuchtung oder zur Kennzeich-

nung von Teichrand, Terrasse und Stufen sind kleine, fest installierte Bodenlichter, die in das Pflaster eingelassen werden. Ein Lichtschacht lässt sich mit einer durchscheinenden Platte abdecken; bedeckt man diese mit zerkleinertem Verbundglas, so sind die Glühbirnen verborgen, und der Lichtschein breitet sich gleichmäßig wie von einer schimmernden, gekräuselten Wasseroberfläche aus.

Mit einem Bodenspot lässt sich eine Skulptur schön hervorheben oder ein

Wasserspiel hinterleuchten; auch Bodenerhebungen überspült man so mit weichem Licht. Im Allgemeinen sehen Bäume und andere Pflanzen am besten aus, wenn ihre Gestalt von unten her sanft ausgeleuchtet wird. Der nächtliche Anblick eines dramatisch verzweigten, erleuchteten Solitärbaumes ist überwältigend.

Eine reizolle Wirkung erzielen winzige, feenhafte Lichtpunkte. Als Funkenregen umschwärmen sie Laternen, auf feinen Stielen durchweben sie Bodendecker, und als Lichterkette rahmen sie die Stufen einer Treppe.

Flutlichter sind schnell und für wenig Geld installiert, jedoch mit großer Vorsicht zu genießen; das „Fußballstadion-Syndrom" sollte um jeden Preis vermieden werden. Wer wegen möglicher Eindringlinge besorgt ist, kann Bewegungsmelder anbringen, welche die Lichter nur im Bedarfsfall aktivieren.
Der perfekte Beleuchtungsplan wird bei der Gartenanlage gleich mit realisiert; so lassen sich Kabel unsichtbar verlegen und Leuchten versteckt anbringen. Ist dies nicht möglich, sind wandmontierte Außenleuchten die Antwort. Es gibt sie im Stil von Kutschlaternen und in modernen Ausführungen.

Komplette Beleuchtungssätze, die mit Erdspießen aufgestellt werden, sind im Gartencenter erhältlich; meiden sollte man solche mit grellbunten Gläsern. Schlichte weiße sind akzeptabel, wenn sie sorgfältig positioniert werden.

Es kann nicht deutlich genug darauf hingewiesen werden, dass elektrische Anlagen grundsätzlich sorgfältig vor Wasser, feuchtem Erdreich und allen Gartenbenutzern zu schützen sind. Ein qualifizierter Elektriker sollte alle Leitungen vom Haus verlegen, jede größere Installation ist Sache des Fachmanns.

Das sanfteste Licht und den sichersten Weg zu einem schönen Ambiente verspricht Kerzenschein. Teelichter kosten wenig; man kann sie in Marmeladengläser setzen und in Blechlaternen aufhängen, auf Treppen und Mauern aufreihen. Richtige Kerzen sind in einem Glaszylinder windgeschützt untergebracht. Es gibt sehr schöne schlanke, mundgeblasene Gläser mit hoher Basis. Doch auch Kerzenständer wirken im Garten sehr romantisch, und das herunterrinnende Wachs verstärkt noch die barocke Atmosphäre. Der Docht von Kerzen, die speziell für den Garten hergestellt sind, ist so dick, dass selbst ein Sturm sie nicht ausbläst; sie rußen allerdings und sind daher grundsätzlich nicht im Haus zu verwenden. Wachs- oder Ölfackeln, die in den Boden gesteckt werden, sind eine hervorragende Beleuchtung für eine Party oder einen großen Auftritt.

WASSER-SPIELE

Oben
Eine ganz einfache Konstruktion mit hinreißender Wirkung: Dünne Kupferrohre ragen wie Schilfhalme aus dem Teich und ergänzen das Spiel von Licht und Schatten mit feinen Wasserstrahlen.

Wasser ist das fundamentale Lebenselixier. Es ist Hauptbestandteil unseres Körpers und kein Lebewesen kann ohne es existieren. Es verwundert daher nicht, dass es einen so subtilen Einfluss auf unser Befinden ausübt. Plätscherndes, gluckerndes Wasser wirkt beruhigend; die lärmende Energie einer herabstürzenden Kaskade dagegen hat eine beflügelnde Wirkung. Diese Eigenschaften sollten sorgfältig bedacht werden, denn zwischen dem entspannenden Effekt träge dahinströmenden Wassers und dem beharrlichen Rauschen eines schnell bewegten Wasserspiels liegen Welten.

Rechts
Eine der schönsten Eigenschaften von bewegtem Wasser ist die Weise, wie seine Tropfen von Licht erfüllt werden. Der hochmütige Pfau ist für ein Bad in dem Becken ein wenig zu groß geraten.

Links
Dieses einfache und wirkungsvolle Design lässt sich mit einem anders geformten Behältnis und Wasserspeier leicht an jede Situation anpassen.

Die räumliche Wirkung von Wasser im Gartendesign wird im Planungsstadium häufig vernachlässigt. Wasseroberflächen reflektieren Licht und bringen damit eine einzigartige Dimension ein. In einem stillen Weiher spiegeln sich Bäume und Schatten; schon die kleinste Brise setzt Bilder und Lichtreflexe in Bewegung. Ein schattiger Bereich lässt sich auf diese Weise wunderbar beleben.

In dicht oder unruhig bepflanzten Bereichen besteht die Gefahr der optischen Übersättigung; wo konkurrierende architektonische Elemente ablenken, kann das Hauptaugenmerk dem Blick verloren gehen. Eine bewegte Wasseroberfläche schafft hier eine kühle optische Unterbrechung, die sich in ihren Eigenschaften vollkommen etwa von leblosem Pflaster unterscheidet. In einem reglementierten Design ersetzt ein rechteckiges Wasserbecken ein Kiesparterre; in weniger formaler Umgebung erfüllt ein einfacher Teich denselben Zweck. Die stofflichen und sinnlichen Eigenschaften von Wasser bleiben die gleichen, nur der Eindruck der Wasserfläche wird jeweils ein anderer sein.

Die Mehrzahl der Gartenbesitzer muss sich wohl mit einer eher kleinen und in der Konsequenz formalen Wasserstelle zufrieden geben. Fertige Becken werden im Handel angeboten, doch die Auswahl ist begrenzt und ihr

Aussehen tendiert zum Banalen. Wasser ist nur dann ein wirksamer Bestandteil des Landschaftsdesigns, wenn es richtig integriert ist und nicht wie in den Garten gestellt wirkt. Auch wenn es sich nur um eine handgearbeitete Schale handelt, die als Vogeltränke dient, oder eine elegante Schüssel, in der Blüten treiben: attraktive Komponenten sind die Basis für jeden Entwurf.

Der Handel für historische Baumaterialien ist eine hervorragende Quelle für Wassertröge, gemeißelte Steinschalen, Beckenumrandungen, Masken und Teichskulpturen. Der Gartenbedarfshandel liefert Felsen und Steine, und im Fachhandel für Gartenambiente sind Behälter aus Aluminium, Terrakotta und Stein erhältlich.

Kaum setzt man sich mit dem Gedanken an bewegtes Wasser auseinander, sieht man mehr und mehr Möglichkeiten. Dabei bleibt das Grundprinzip der Anlage – unabhängig von ihrer Größe – immer dasselbe. Am niedrigsten Punkt der Anordnung ist in einem wassergefüllten Reservoir die Pumpe untergebracht; diese befördert das Wasser zum höchsten Punkt, von wo es dann wieder herabrinnt. Notwendig ist ein Elektroanschluss, der vom Fachmann den Anforderungen an eine Außenanlage entsprechend installiert werden sollte. Auch sind ein paar Überlegungen angebracht, wie Pumpe und Zuleitungen zu verbergen sind.

Bei begrenztem Raum ist ein Wandbrunnen eine gute Wahl, und hier findet sich die Gelegenheit für ein gekauftes Objekt. Doch es macht auch Spaß, einen eigenen Entwurf zu planen. Der offene Mund einer Maske bietet sich für ein Speirohr an; darunter fängt eine Schale das Wasser zur Rückführung auf. Mit der Betonung auf dem Auffangbehälter kann ein solcher Brunnen vollkommen ohne figürliches Element aus-

Links
Der Wasserfall erweckt den Eindruck, als werde er von einem höher gelegenen Bach gespeist. In Wirklichkeit handelt es sich um einen von einer Pumpe betriebenen Kreislauf.

Mitte links
Ein kleiner, aus Stein gemeißelter Tierkopf speit aus seiner Nische einen gleichmäßigen Wasserstrahl in das flache Steinbecken.

Mitte rechts
Wandbrunnen können ganz unterschiedlichen Stilrichtungen angehören. Dieser wurde passend zur Wand aus ortstypischem Feuerstein gemauert.

Links
Wasserrinnen lassen sich in klassisches ebenso wie in modernes Design einbinden. Diese ist Teil eines ausgedehnten Systems, das im 18. Jahrhundert von William Kent angelegt wurde.

kommen. Ein auffallendes Speirohr reicht aus, um einen großen Wassertrog aus Stein oder Metall zu ergänzen. Die Größe der Anlage reicht von winzig bis riesenhaft; lediglich die Stärke des Wasserstrahls sollte dem Design angepasst sein.

Für größere Furore sorgt ein Wasserfall. Hier wird das Speirohr durch einen 1–2 m breiten horizontalen Mauerschlitz ersetzt, aus dem das Wasser in gleichmäßigem Schwall hervortritt. Ganz offensichtlich sind hierfür fachmännische Hilfe und eine durchdachte Platzierung nötig – reichlich Freiraum in Kombination mit Höhenunterschieden wäre ideal. Ein Swimmingpool, neben dem der Wasserfall aus einer Rückhaltemauer austritt, wäre solch eine perfekte Stelle.

Eine elegante Eigenkreation lässt sich jedoch auch ganz ohne komplizierte Installationsarbeiten und ohne großen Aufwand schaffen. Dafür ist ein dekoratives, wasserdichtes Gefäß nötig, welches die Pumpe aufnimmt. Ist dieses Gefäß hoch, wird die Pumpe mit Hilfe von Ziegelsteinen näher an die Oberfläche gebracht; in einer niedrigen Schale verbirgt man sie unter Steinen. In einem so kleinen Zierbrunnen reicht eine ganz schwache Pumpe aus, um das Wasser sachte emporquellen zu lassen. Diese Idee kann als Ausgangspunkt für eine ganze Reihe weiterer Designs dienen. Eine Schale lässt sich in einen formschönen Quell verwandeln. Dafür schachtet man das Erdreich etwa 10 cm tief gleichmäßig aus, mit einem tieferen Loch in der Mitte für das Wasserreservoir und die Pumpe. Nachdem alles mit einer dicken Plastikfolie oder einer passenden Teichfolie ausgekleidet ist, versenkt man die Pumpe in das Loch und stellt darüber auf horizontale Träger die Schale. Die übrige Fläche wird mit Kieseln abgedeckt. Das Wasser aus dem Reservoir wird über ein Rohr durch das

Oben
Ein Pfad verbindet das niedrige Steinbecken mit der Balustrade im Hintergrund. Vor dem Überwurf aus zartrosa Kletterrosen wirken die bezaubernden weißen Seerosen noch romantischer.

Mitte oben
Eine großartige Kaskade perfektioniert das neoklassische Design dieser Anlage. Die Verbindung von Bruchstein und Schiefer verleihen ihr ein dramatisches Gewicht, das die Villa und den Torbogen ebenbürtig ergänzt.

Abzugsloch im Boden der Schale gepumpt, um dann über ihren Rand zu quellen und auf die Kiesel herabzurieseln.

Wasserfontänen können dreierlei Form annehmen. Das Wasser kann als Springfontäne wie ein Geysir senkrecht aufschießen, doch ist dies nur im großen Maßstab wirkungsvoll, etwa in einem See. Besser schon ist im Garten eine senkrechte schaumige Kaskade, die von wenigen Zoll bis zu etwa einem Meter hoch sein kann. Dieses ist die variabelste Methode, da man die Pumpgeschwindigkeit verändern und so den Effekt beeinflussen kann. Eine schwach bewegte Wasseroberfläche mit steinigem Grund außen abgelenkt, dass sie eine niedrige Wasserglocke erzeugen. Den Abwärtsdrang des Wassers kann man sich geschickt zunutze machen, indem man es über eine Folge von Sammelbecken herabfließen lässt. Ein nahe liegendes Beispiel wäre eine treppenförmige Anordnung; so bieten sich für einen modernen Garten weiße, von schwarzem Schiefer gerahmte Kalksteinstufen an, über die das Wasser rinnt, um eine Verbindung zwischen einer Terrasse und einem tiefer gelegenen Becken zu schaffen.

Jeder Entwurf lässt sich durch geschickte Abwandlung der einzelnen Komponenten an unterschiedliche Stil-

hat eine besonders natürliche Wirkung und ist sehr einfach zu erzeugen; sie eignet sich für formale wie für rustikale Situationen. Wasserpumpen werden immer raffinierter; so gibt es sie auch mit mehreren Öffnungen, die Fontänen von wechselnder Höhe hervorbringen.

Der Klassiker für den Garten ist die Wasserpyramide, doch nur in einer formalen Umgebung und mit genügend Freiraum wirkt diese nicht kitschig. Auch eine kleinere Version ist möglich; mit einer entsprechenden Aufsatzdüse werden die Wassertropfen derart nach

Oben
Ein niedriger Sprudelstein setzt die Wasseroberfläche in diesem rechteckigen, in Steinplatten gefassten Becken in Bewegung, während die Bronzekatze einen Goldfisch herbeisehnt.

Mitte links
Eine Reihe hochstämmiger Bäume, die sich einem ständigen Wind zu beugen scheinen, bieten diesem aufgemauerten Wasserbecken Schutz und Rückhalt.

Links
Eine humorvolle Note wirkt in jedem Garten erfrischend; diese aus Stahl geschweißten Krähen dienen mit ihren riesigen Schnäbeln als Wasserspeier.

Unten links
Die Vorliebe für Götter der Mythen und Sagen ist aus Wassergärten nicht wegzudenken.

Unten Mitte
Transparentes, Licht reflektierendes Glas wirkt besonders gut in der Kombination mit Wasser.

Unten rechts
Zu perfekten Kugeln verarbeiteter Granit geht eine ideale Verbindung mit sanft rinnendem Wasser ein. Diese Quellsteine passen ebenso gut zu modernem wie zu japanischem Design.

richtungen anpassen. Für einen Waldgarten am Hang schaffen große Felsblöcke Stufen, über die das Wasser entweder dramatisch herabstürzt oder sanft hinabrieselt. Anstatt über einen Wasserfall kann es auch in einem seichten Bachbett aus glänzenden Flusskieseln oder schwarzem Schieferbruch geführt werden. Schiefer ist ein wunderschöner Stein in Verbindung mit Wasser, da seine grünen, grauen und schwarzen Farbtöne das feuchte Element perfekt komplementieren; selbst ganz ohne Wasser kann er die Illusion eines fließenden Gewässers schaffen.

Die Linearität des Wasserlaufs macht ihn zur Aufteilung eines Gartens in unterschiedliche Bereiche und zur Abgrenzung verschiedener Ebenen geeignet. Besonders in einer formalen Situation gelingt das wunderbar, wo eine schmale Wasserrinne zwischen Steinplatten für angenehme optische Unterbrechung sorgt. Bleibt diese Rinne in einer Ebene, so steht das Wasser still; ein sanftes Gefälle lässt sich ebenfalls überwinden. Dabei darf allerdings nicht vergessen werden, dass die winzigen Wasserfälle eine Pumpe notwendig machen.

Rechts
Eine ganze Karpfenflotte hat hier Aufstellung genommen, um ihre Seite des Gewässers gegen Eindringlinge zu verteidigen.

Unten links
Dieses Säulentrio aus runden Schieferscheiben ist ein faszinierender Blickfang; seine wasserüberströmten Seiten reflektieren das Sonnenlicht.

Unten Mitte
Bei dieser einnehmenden Skulptur balanciert ein wuschelköpfiger Wasserträger geschickt seine flache Schale über einem Wasserbehälter aus Metall.

Unten rechts
Kacheln in strahlendem Blau und Türkis verleihen dem winzigen Becken in diesem Terrakotta-gekachelten Hof ein mediterranes Flair.

Wer ein Faible für Kunst in Bewegung hat, kann in einer kühnen Wasserskulptur seinen Schöpferdrang ganz ausleben. So lässt sich eine Serie von Gefäßen derart arrangieren, dass das Wasser kaskadenartig von einem Behältnis ins nächste stürzt. Oder man befördert das Wasser in einem frei stehenden, zentralen Stahlrohr nach oben, um es in kleinen Schalen aufzufangen, die in ganzer Länge an dem Rohr befestigt sind. Ein ähnliches Design findet sich in unserem Projekt für eine Brunnenplastik aus Stahl auf Seite 152 bis 153; der schlichte Entwurf lässt sich leicht an jeden Garten anpassen.

BRUNNEN-PLASTIK AUS EDELSTAHL

Dieser elegante, moderne Brunnen ist aus drei Edelstahlrohren gefertigt. Das Wasser strömt an der Seite aus einem Schlitz aus und quillt außerdem über den oberen Rand. Auch andere Materialien bieten sich an, wie Terrakotta, Kunststoff oder Kupfer. Die Intensität des Plätscherns lässt sich über den Wasserdruck regulieren.

Benötigtes Material und Werkzeug

Kunststoffbehälter für das Wasserreservoir, etwa 60 cm breit und tief
Sand oder Geotextil
Teichfolie
Tauchpumpe (maximale Fördermenge 3000 l/h)
galvanisiertes Drahtgeflecht mit 25 mm Maschengröße
feinmaschiges Schattiergewebe aus Kunststoff
Gartenschlauch von 25 mm Durchmesser
Gartenschlauch von 13 mm Durchmesser
3 Durchflussregler, 13 mm Durchmesser
5 Fixierschellen, 25 mm Dreifach-T-Stück
3 Vierkantrohre aus Edelstahl, 10 x 10 cm Querschnitt, je eines von 80, 100 und 120 cm Länge
Spaten
Metallbügelsäge
Messer
Schraubenzieher
Kneifzange

1

2

Vorbereitungen

Edelstahlrohre sind im Stahlfachhandel erhältlich, wobei Standardgrößen die preisgünstigste Alternative sind. Hier wurden drei Vierkantrohre von 10 cm Kantenlänge auf 80, 100 und 120 cm zugeschnitten; unten sind jeweils eine Bodenplatte und ein Zuleitungsrohrstück angeschweißt. Die Oberflächen wurden mit Kugelstrahltechnik mattiert. Die Schlitze können Sie mit einer guten Metallsäge selbst anbringen. Idealerweise sollten sie sich 50–100 mm vom oberen Ende des Rohrs befinden – werden sie zu tief angesetzt, wird das Wasser in einem zu großen Bogen herausgedrückt.

1 Bereiten Sie eine Fläche von etwa 180 cm Durchmesser vor, indem Sie die Oberfläche abräumen und auf einer Tiefe von zirca 50 mm zur Mitte hin abschrägen. Heben Sie für das Wasserreservoir ein Loch von entsprechender Größe und Tiefe aus. Lassen Sie von einem Elektriker ein Stromkabel unterirdisch verlegen; hierfür benötigen Sie Zugang zu einer Außensteckdose oder einer wasserdichten Verteilerdose. Setzen Sie den Plastikbehälter waagerecht so in das Loch ein, dass seine Oberkante mit dem Gelände abschließt. Füllen Sie eventuelle Lücken mit Erdreich oder Sand auf.

2 Ist das Reservoir eingerichtet, decken Sie den Boden und den Behälter mit dem Geotextil oder mit Sand ab. Schneiden Sie das Vlies über dem Behälter mit einem scharfen Messer ein.

3 Breiten Sie die Teichfolie über das Vlies und das Reservoir. Lassen Sie langsam Wasser hineinlaufen, bis die Folie den Behälter ganz auskleidet. Glätten Sie im übrigen Bereich die Folie auf dem Boden.

4 Befestigen Sie den 25-mm-Schlauch an der Pumpe; sichern Sie ihn durch eine Fixierschelle. Versenken Sie die Pumpe in das Reservoir, decken Sie dieses mit dem Drahtgeflecht ab. Schneiden Sie ein Loch in das Drahtgeflecht und führen Sie den Schlauch hindurch.

3

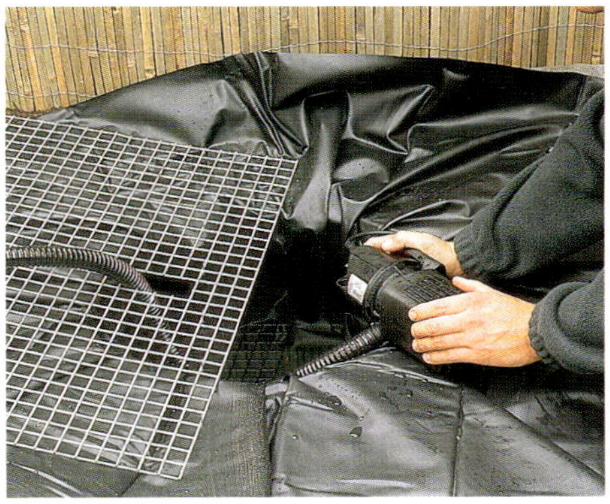

4

5

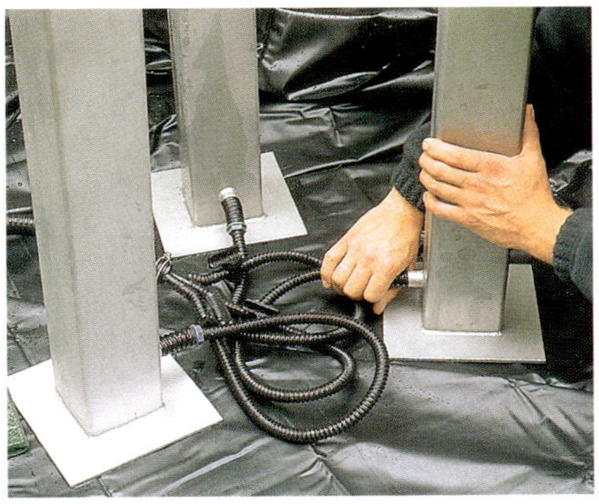

6

5 Decken Sie das Drahtgeflecht mit dem Schattiergewebe gegen feine Partikel ab. Stellen Sie die Edelstahlrohre in der gewünschten Anordnung dicht um das Reservoir auf; achten Sie darauf, dass die Rohre senkrecht stehen.

6 Schließen Sie den Pumpschlauch an den 25-mm-Eingang des Dreifach-T-Stücks an und sichern Sie die Verbindung mit einer Schelle; an die drei 13-mm-Ausgänge schließen Sie die Durchflussregler und die 13-mm-Schläuche an. Schließen Sie die 13-mm-Schläuche an die Zuleitungsrohrstücke der Edelstahlrohre an und sichern Sie auch diese Verbindung mit einer Schelle. Arrangieren Sie Steine, große Kiesel und Kies um die Stahlrohre. Füllen Sie Wasser nach, schalten Sie den Strom ein und regeln, falls nötig, die Fördergeschwindigkeit.

Pflege und Wartung

Während einer Trockenperiode kann der Wasserstand durch Verdunsten absinken; er lässt sich jedoch problemlos wieder ausgleichen. Es ist darauf Acht zu geben, dass die Pumpe nie trocken läuft. Im Handel ist eine ganze Reihe chemischer Zusätze für Wasserspiele erhältlich, die den Algenwuchs hemmen.

Warnung

Lassen Sie sämtliche für diese Anlage benötigten Außensteckdosen, Schalter und Schutzschalter von einem qualifizierten Elektriker montieren.

Schablonen

Für das Mosaiktischchen auf Seite 108–111 ist diese Schablone auf einem Kopiergerät bei einer Einstellung von 146% zu vergrößern. Dieser Ausschnitt stellt ein Fünftel des Entwurfs dar; Sie müssen ihn also fünf Mal vergrößern und dann zusammenkleben.

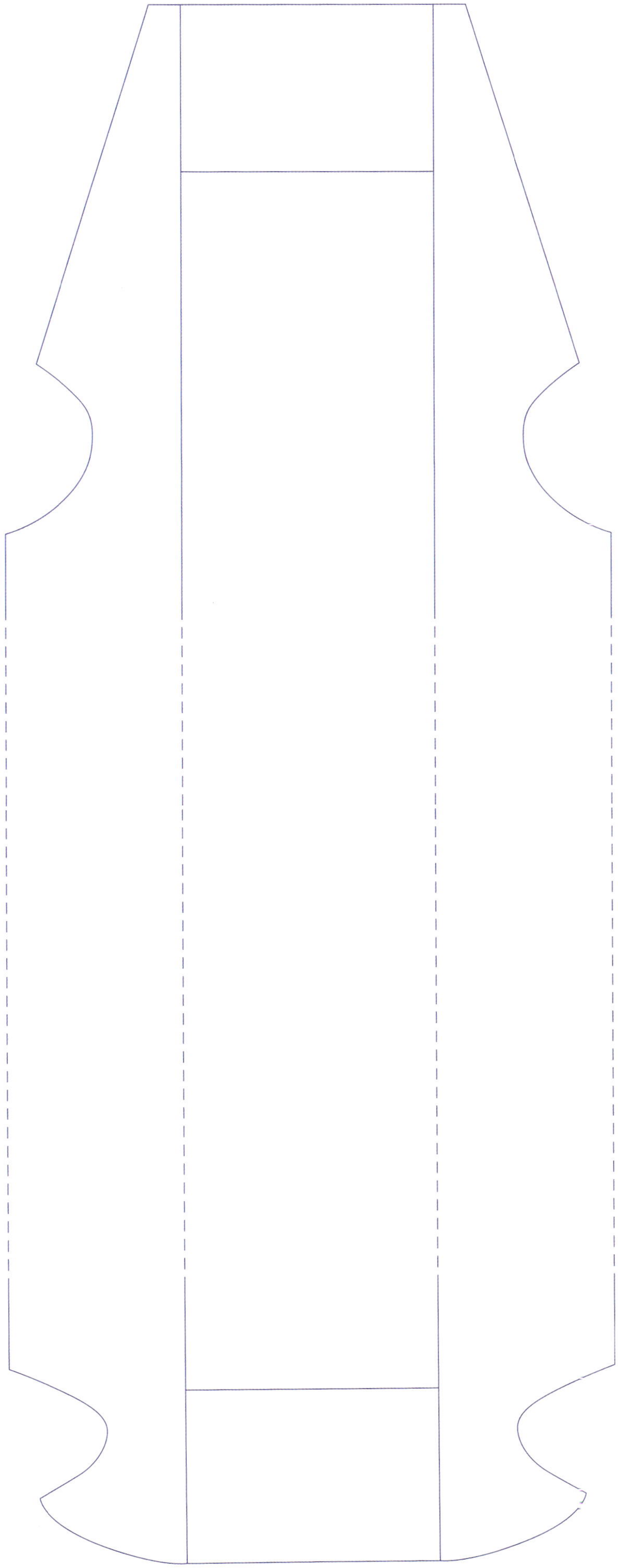

Für das Schweinchen aus Weide und Hasel auf Seite 126–129 ist diese Schablone auf einem Kopiergerät bei einer Einstellung von 250% zu vergrößern. Am besten vergrößern Sie lediglich das Vorder- und Hinterteil der Vorlage. Die gestrichelten Linien sollen die Länge des Schweinchens andeuten – von den Vorder- bis zu den Hinterbeinen sollte es 45 cm messen. Zwischen den Kanthölzern sollte ein Zwischenraum von etwa 10 cm bleiben.

Pflanzenliste

In diesem Abschnitt finden Sie diverse Pflanzvorschläge für die unterschiedlichen Stilrichtungen einer Gartenanlage. Wer die Pflanzenlisten vergleicht, wird etliche Überschneidungen feststellen. Nicht allein Habitus, Blühverhalten und jahreszeitliche Variation bzw. Konstanz bestimmen die Wirkung der verschiedenen Spezies, ausschlaggebend ist vielmehr die Art, in der sie in den Garten eingebracht werden. Ein kleiner Hinweis: Nicht alle aufgeführten Arten gedeihen in jeder Lage und auf jedem Boden, und einige wenige sind nicht winterhart. Es lohnt sich also, sich in einer fachkundigen Gärtnerei bezüglich der Ansprüche der erträumten Sorten beraten zu lassen.

Der romantische Garten

Bäume/Sträucher
Betula pendula (Sandbirke)
Buxus sempervirens (Buchsbaum)
Hydrangea arborescens (Strauchhortensie)
H. macrophylla (Gartenhortensie)
Laburnum x *watereri* (Goldregen)
Philadelphus x *lemoinei* (Pfeifenstrauch)
Rosa gallica (Essigrose)
R. centifolia (Centifolie)
R. damascena (Damaszenerrose)
Salix alba var. *sericea* (Silberweide)
S. babylonica (Trauerweide)
Syringa vulgaris (Gartenflieder)
Viburnum opulus (Gemeiner Schneeball)

Stauden/Zwiebeln/Einjährige
Alchemilla mollis (Frauenmantel)
Aquilegia vulgaris (Gemeine Akelei)
Campanula sp. (Glockenblumen)
Cosmos bipinnatus (Schmuckkörbchen)
Delphinium (Rittersporn)
Dianthus sp. (Nelken)
Dicentra spectabilis (Tränendes Herz)
Digitalis x *mertonensis* (Fingerhut)
Geranium sp. (Storchschnabelarten)
Lamium maculatum (Gefleckte Taubnessel)
Lavandula angustifolia (Echter Lavendel)
Matthiola incana (Levkoje)
Nepeta 'Six Hills Giant' (Katzenminze)
Nicotiana sp. (Ziertabakarten)
Paeonia sp. (Pfingstrosen)
Thalictrum sp. (Rauten)
Viola cornuta (Hornveilchen)

Kletterpflanzen
Clematis sp. (Waldrebe)
Hydrangea petiolaris (Kletterhortensie)
Lonicera (Geißblatt)
Parthenocissus henryana (Wilder Wein)
Parthenocissus quinquefolia (Jungfernrebe)

Der klassische Garten

Bäume/Sträucher
Acer palmatum (Fächerahorn)
Buxus sempervirens (Buchsbaum)
Cedrus atlantica f. glauca (Blaue Atlaszeder)
Ilex sp. (Stechpalmenarten)
Laurus nobilis (Lorbeer)
Picea pungens (Blaufichte)
Rhododendron sp. (Rhododendren u. Azaleen)
Robinia pseudoacacia (Scheinakazie)
Rosa sp. (Rosen in Sorten)
Taxus baccata (Eibe)
Viburnum plicatum 'Mariesii' (Japanischer Schneeball)

Stauden/Zwiebeln/Einjährige
Achillea filipendulina (Schafgarbe)
Alchemilla mollis (Frauenmantel)
Allium sp. (Zierlauch)
Convallaria majalis (Maiglöckchen)
Cosmos bipinnatus (Schmuckkörbchen)
Digitalis x *mertonensis* (Fingerhut)
Heliotropium suaveolens (Sonnenwende)
Heuchera sp. (Purpurglöckchen)
Hosta sp. (Funkie)
Lavandula angustifolia (Lavendel)
Lilium sp. (Lilien)
Pelargonium (Geranie)
Salvia nemorosa (Hainsalbei)
Salvia x *sylvestris* (Salbei)
Stachys byzantina (Wollziest)
S. lanata (Wollziest)
Vinca major (Immergrün)

Kletterpflanzen
Clematis macropetala (Waldrebe)
Hedera helix (Efeu)
Parthenocissus henryana (Wilder Wein)
Parthenocissus quinquefolia (Jungfernrebe)
Solanum crispum 'Glasnevin' (Kletternder Nachtschatten)
Solanum jasminoides (Jasminähnlicher Nachtschatten)

Der japanische Garten

Bäume/Sträucher
Acer japonicum (Jap. Ahorn)
A.j. dissectum (Jap. Schlitzahorn)
A. palmatum (Fächerahorn)
Buxus sempervirens (Buchsbaum)
Cornus controversa (Pagodenhartriegel)
Ilex crenata (Jap. Ilex)
Larix gmelinii (Dahurische Lärche)
Luma apiculata (Lumamyrte)
Mahonia x *media* (Mahonie)
Myrtus communis (Brautmyrte)
Nandina domestica (Himmelsbambus)
Pieris japonica (Jap. Lavendelheide)
Pinus thunbergii (Jap. Schwarzkiefer; beschneiden!)
P. parviflora (Jap. Mädchenkiefer)
Prunus mume (Jap. Aprikose)
P. subhirtella 'Autumnalis' (Winterkirsche)
Rhododendron sp. (Jap. Azalee)

Stauden
Hemerocallis fulva (Rotgelbe Taglilie)
H. lilioasphodelus (Gelbe Taglilie)
Hosta sp. (Funkie)
Iris ensata (Jap. Wasseriris)
Liriope muscari (Liriope)
Ophiopogon sp. (Schlangenbart)

Bambus/Gräser/Farne
Briza maxima (Großes Zittergras)
Carex morrowii 'Variegata' (Segge)
Dryopteris erythrosora (Rotschleierfarn)

Athyrium nipponicum
(Brokatfarn)
Hakonechloa macra
(Hakonechloa)
Phyllostachys nigra
(Schwarzer Bambus)
Phyllostachys aurea
(Goldrohrbambus)
Fargesia murieliae (Bambus)
Phyllitis scolopendrium
(Hirschzungenfarn)
Pseudosasa japonica
(Breitblattbambus)

Kletterpflanzen
Wisteria sinensis
(Chin. Glyzine)

Der Küstengarten

Bäume/Sträucher
Bupleurum fruticosum
(Hasenohr)
Cistus x beanei (Ginster)
C. laurifolius
(Lorbeerblättrige Zistrose)
Hippophae rhamnoides
(Sanddorn)
Pittosporum tobira
(Pechsamenstrauch)
Rosa rugosa (Heckenrose)
Senecio cineraria (Greiskraut)

Stauden/Einjährige
Arctotis acaulis (Bärenohr)
A. hirsuta (Bärenohr)
Armeria maritima (Grasnelke)
Artemisia absinthium 'Lambrook Silver' (Wermut)
A. schmidtiana (Edelraute)
Centranthus ruber
(Rote Spornblume)
Cordyline australis (Keulenlilie)
Crambe maritima (Meerkohl)
Dianthus deltoides (Heidenelke)
Eryngium maritinum
(Stranddistel)
E. x *tripartitum* (Edeldistel)
Eschscholtzia californica
(Goldmohn)
Helichrysum bracteatum
(Gartenstrohblume)
H. italicum (Ital. Strohblume)
Kniphofia caulescens (Fackellilie)
Limonium latifolium
(Meerlavendel)
Papaver nudicaule (Islandmohn)
Phormium tenax
(Neuseeländer Flachs)
Portulaca grandiflora
(Portulakröschen)
Salvia argentea
(Silberblatt-Salbei)
Santolina chamaecyparissus
(Zypressenkraut)

Senecio cineraria
(Greiskraut)

Gräser
Ammophila arenaria
(Strandhafer)
Festuca glauca
(Blauschwingelgras)
*F. varia (*Bunter Schwingel)
Helictotrichon sempervirens
(Blaustrahlhafer)
Pennisetum setaceum
(Afrik. Lampenputzergras)

Der mediterrane Garten

Bäume/Sträucher
Ceanothus sp. (Säckelblume)
Choysia ternata
(Orangenblume)
Cupressus sempervirens 'Stricta'
(Echte Zypresse)
Cycas revoluta
(Japanischer Palmfarn)
Elaeagnus x *ebbingei* (Ölweide)
Laurus nobilis (Lorbeer)

Stauden/Einjährige
Acanthus spinosus
(Dorniger Bärenklau)
Agapanthus africanus
(Schmucklilie)
Artemisia sp. (Edelraute)
Catananche caerulea
(Blaue Rasselblume)
Centranthus ruber
(Rote Spornblume)
Cichorium intybus f. *album*
(Weiße Wegwarte)
Cistus sp. (Zistrosen)
Convolvulus cneorum
(Silberwinde)
Cordyline australis (Keulenlilie)
Echinops sp. (Kugeldisteln)
Echium sp. (Natternkopf)
Glaucium flavum
(Gelber Hornmohn)
Helianthemum sp.
(Sonnenröschen)
Helichrysum petiolare
(Strohblume)
Lavandula sp. (Lavendelarten)
Lithodora diffusa (Steinsame)
Osteospermum sp.
(Kapkörbchen)
Perovskia 'Blue Spire'
(Blauraute)
Phormium tenax purpureum
(Neuseeländer Flachs)
Rosmarinus officinalis
(Rosmarin)
Ruscus aculeatus
(Stechender Mäusedorn)
Salvia argentea
(Silberblattsalbei)

Santolina chamaecyparissus
(Zypressenkraut)
Teucrium fruticans 'Azureum'
(Strauchiger Gamander)
Thymus sp. (Thymian)
Verbascum thapsus
(Kleinblütige Königskerze)
Yucca filamentosa (Palmlilie)

Gräser
Festuca glauca
(Blauschwingelgras)
Lagurus ovatus
(Hasenschwänzchen)

Kletterpflanzen
Wisteria sinensis
(Chin. Glyzinie)

Der moderne Garten

Bäume/Sträucher
Carpinus betulus 'Fastigiata'
(Säulen-Hainbuche)
Cordyline australis (Keulenlilie)
Cycas revoluta
(Japanischer Palmfarn)
Dracaena draco (Drachenbaum)
Robinia pseudoacacia
(Scheinakazie)
Yucca filamentosa (Palmlilie)

Stauden/Zwiebeln/Einjährige
Acaena microphylla 'Kupferteppich' (Stachelnüsschen)
Achillea tomentosa
(Kriechende Garbe)
Allium sp. (Zierlauch)
Artemisia 'Powis Castle'
(Edelraute)
A. schmidtiana (Edelraute)
Canna indica
(Indisches Blumenrohr)

Convolvulus cneorum
(Silberwinde)
Cynara scolymus
(Echte Artischocke)
Dianthus sp. (Nelken)
Euphorbia amygdaloides var. *robbiae* (Mandelblättrige Wolfsmilch)
E. characias subsp. *wulfenii*
(Palisaden-Wolfsmilch)
Hosta sp. (Funkien)
Iris laevigata (Iris)
I. sibirica (Sibirische Iris)
Lotus berthelotii (Hornklee)
Phormium tenax
(Neuseeländer Flachs)
Plantago major 'Rubrifolia'
(Purpurwegerich)
Santolina chamaecyparissus
(Zypressenkraut)
Stachys byzantina (Wollziest)
Stachys lanata (Wollziest)
Zantedeschia elliottiana
(Aronkelch)

Bambus/Gräser/Farne
Arundo donax 'Variegata'
(Riesenschilf)
Dryopteris filix-mas
(Wurmfarn)
Fargesia murieliae (Bambus)
Festuca glauca
(Blauschwingelgras)
Osmunda regalis (Königsfarn)
Phyllostachys aurea
(Goldrohrbambus)
Phyllostachys nigra
(Schwarzer Bambus)

Register

Seitenzahlen für Abbildungen fett kursiv

Danksagung des Verlages

Der Verlag dankt den folgenden Gartenbesitzern, Designern und Institutionen, die ihre Gärten für dieses Buch fotografieren ließen. Alle Fotos sind von Jo Whitworth, wenn nicht anders vermerkt.

o = oben u = unten m = Mitte
l = links r = rechts

Amberley Japanese Garden, nr. Beaworthy, Devon 62r; 63r

Baggy House (Architekten: Hudson Featherstone, London) 76t; 104ul; 105ul

Brook Hall (Design: Prof. Keith Hopkins und Dr. Jennifer Hopkins) 42r; 21ul; 23mr; 47or; 87ur; 95ml

Chelsea Flower Show 1999 16 ('The Sensory Garden'/Design: Claire Whitehouse); 21ol ('Horti-Couture'/ Design: James Alexander-Sinclair); 22 und 23ml (unten) ('Help the Aged World Life Garden'/Design: Naila Green); 23or; 28r; 34 l und m ('Sculpture in the Garden'/ Design: George Carter); 42l ('My Retreat'/Design: Andrew Bond); 61om (Fotograf: Jonathan Buckley); 70 ('A Floating Garden'/Design: Paul Cooper); 73or ('The Daily Telegraph Reflective Garden'/Design: Michael Baston); 76u (Fotograf: Jonathan Buckley); 79u (Courtyard Garden, Pembrokeshire Horticultural Society); 79u (Courtyard Garden, Pembrokeshire Horticultural Society); 85o ('Help the Aged World Life Garden'/Design: Naila Green); 104ol ('Mr. McGregor's Garden'/Design: Jacquie Gordon); 104ur ('21st Century Street'/ Design: Carol Klein); 105or (Selsdon & District Horticultural Society); 105ur 'My Retreat'/ Design: Andrew Bond); 112ur (Fotograf: Jonathan Buckley); 113u (Fotograf: Jonathan Buckley); 114 ('The Chef's Roof Garden/Design: Terence Conran); 122o (Fotograf: Jonathan Buckley); 124ol (Fotograf: Jonathan Buckley); 125or

(Fotograf: Jonathan Buckley); 138l (Fotograf: Jonathan Buckley); 139r;

147o (Fotograf: Jonathan Buckley); 149r ('Mr McGregor's Garden'/Design: Jacquie Gordon); 150ul (Redwood Stone, Wells, Somerset); 151ur (Fotograf: Jonathan Buckley)

The Coppice, Reigate, Surrey 95mr (Fotograf: Jonathan Buckley)

East Ruston Old Vicarage, Norwich 37u; 38l; 39ul; 78ul; 83o; 86om; 89m; 104or; 145r

Forge Cottage, Jaspers Green (Design: Carolynn Blythe) 20; 21um; 23ul; 29ol; 46ol; 66ol; 79or; 82or

Fairweather Sculpture, Hillside House, Startston, Norfolk (Gartendesign und Skulptur: Dennis Fairweather) 124or; 125ol und om; 138l; 151um

Fovant Hut, Wiltshire (Design: Christina Oates) 3ul; 46ur; 69or; 83ml; 84o; 89r

The Garden in Mind, Hampshire (Design: Ivan Hicks) 3ur; 5u; 9l; 9m; 61ol; 130u; 131o; 138r; 139m

Will Giles, Oak Oree House, Norwich 103u; 147mr

Hampton Court Flower Show, 1999 13l, 21om und 23ml (oben) ('Anglo Aquarium Plant Garden', Design: Jane Sweetser); 23ol; 25m ('Feng Shui Garden'/Skulptur: Janis Ridley); 43 ('Feng Shui Garden'/ Design: Pamela Woods); 42c (Skulptur: Dennis Fairweather); 94o ('A Safe Haven Garden'/Design: Ruth Chivers); 113mr ('A Safe Haven Garden'/ Design Ruth Chivers); 115m (Beachcomber Trading Ltd. Herts.); 150o ('Merlin's Water Garden'/ Design: Graham Robb); 150m ('A Safe Haven Garden'/ Design: Ruth Chivers); 151o ('Merlin's Water Garden'/ Design: Graham Robb); 151ul; 15? ('Anglo Aquarium Plant Garden'/ Design: Jane Sweetser)

The Hannah Peschar Sculpture Garden, Black and White Cottage, Ockley, Surrey (Design: Anthony Paul, Landscape Design) 11ml (unten) und 14o ('Winged Arch' von Stephanie Burn); 13um (Geschnitzte Eiche von Walter Bailey); 24 ('Amongst Words and Phrases' von Mark Clayne Frith); 25l; 60o ('Sit' von Hannah Peschar); 60u (Brückendesign von Anthony Paul); 78ur und 133l ('Vein II' von Lucien Simon); 88l (alte Stufen von Anthony Paul); 102mr (Deckdesign von Antony Paul/Steingut von Jennifer Jones); 105ol; 112ur; 130o ('Pictisa Spiral Bench' von Nigel Ross); 131o ('Trunks' von Giles Kent); 132m ('Organic Form' von Peter Clarke'); 132r ('King and Queen' von Helen Sinclair); 133m und 133r ('Euridice' von Helen Sinclair); 146o 'Swaylines' von Andrew Ewing)

Heale House Garden, Middle Woodford, nr. Salisbury SP4 6NT, tel: 01722 782504 (öffentlich zugänglich) 23om; 29om; 61or; 61ml; 86ur; 115r; 87or; 112ul; 148l

Hillbarn House, Great Bedwyn, Wiltshire 47ol; 89u

Iford Manor, Bradford-on-Avon, Wiltshire 3ol; 15ur; 23ur; 28mr; 32; 33; 39r; 58u; 78o; 86ul; 122m; 122u; 123mr; 124om; 146u; 147ml

Le Manoir aux Quat' Saisons, Oxon 47ur; 59u; 124u; 94m; 146m

Little Cottage, Lymington 79om; 150ul

The New Art Centre Sculpture Park & Gallery, Roche Court, nr. Salisbury, Wiltshire 92o ('Moonstone III' von Meical Watts); 92u ('Inceptis Gravibus' von Brenda Berman und Annet Stirling); 93ol ('Initial Posts' von Martin Jennings); 93or ('Found Letter's von Alex Peever); 93ul ('Hermetic Numerals' von John Das Gupta); 93ur ('WB Yeats Table von James Salisbury); 132l ('Butterfly Gate' von Victoria Rance)

Osler Road, Oxford (Design Mr. und Mrs. N. Coote) 90l und r; 40; 91o und ul; 112o

Painswick Roccoco Garden, Painswick, Glos 36o

RHS Gardens, Wisley 28o

Starston Hall, Norfolk (Design: Christina Baxter) 11ur; 21ur; 82ul

St. Regis Close, London N10 (Design: S. Bennett und E. Hyde/Der Garten öffnet nach dem National Gardens Scheme) 102u

Tatton Park, RHS Flower Show 1999 ('Oasis in the Urban Jungle'/Design: Jan Williams) 77r

Julia van den Bosch's Garten, Ham, London 17l; 27o; 102o; 157

West Green House Garden, near Hartney Wintney, Hampshire 5o; 7u; 11u; 18r; 95u; 97u; 115l; 144u (Gartenbesitzer und Design: Marylynn Abbott).

Gay Wilson (Gartendesign) 33 Balmuir Gardens, Putney, London 18ul; 82m; 102ml; 103o

Diana Yakeley (Gartendesign), 13 College Cross, Islington, London 9r; 11or; 30m; 35r; 79ol; 103mr; 113o

Der Verlag dankt des weiteren den folgenden Fotoagenturen und Fotografen für die Erlaubnis, ihre Fotos in diesem Buch abzudrucken:

EWA = Elizabeth Whiting Associates
GPL = The Garden Picture Library

1 Jonathan Buckley (Design: Susan Sharkey, Brentford, England/Skulptur: Dennis Fairweather); 2 Jonathan Buckley (Dolwen, Llanrhaeadr, Wales); 3om GPL (Mark Bolton); 3or EWA (Beckley Park, Oxon); 3um EWA (The Water Gardens, Kingston Hill); 6 EWA; 7o Houses & Interiors (Steve Sparrow); 7m GPL (Steven Wooster); 8 EWA; 10o EWA; 10u GTRE/ John Glover (Tresco Abbey Gardens, Isles of Scilly); 11ol EWA; 11lm (oben) EWA (Beckley Park, Oxon); 12 EWA; 13r GPL (Christopher Gallagher); 14u Bruce Coleman Collection/ Derek Croucher (Chateau Chenonceau, France); 15o Wildlife Matters (The Blue Steps, Naumkeag, Massachusetts, USA/ Design: Fletcher Steele); 15ul GPL (Ron Evans); 15um Houses & Interiors (Mark Bolton); 17m Chelsea Flower Show, 1997 (Yves St Laurent Garden/Design: Madison Cox); 17r GPL (JS Sira); 18ol Jonathan Buckley (Design: Anthony Noel); 19 GPL (Michael Paul); 25r Bruce Coleman Collection (Kim Taylor); 26o Jonathan Buckley (Pashley Manor, Sussex); 26u GPL (Steven Wooster); 27bA-Z Botanical Collection Ltd. (Darryl Sweetland); 28ul Jonathan Buckley (Church Lane, London/ Design: PaulKelly); 29or Sutton Place, Guildford, Surrey; 29u A-Z Botanical Collection Ltd. (Derrick Ditchburn); 30o Wildlife Matters (S. California, USA/ Design: Isabelle Green); 30u GDJ/John Glover (Derek Jarman's garden, Kent); 31 EWA (La Mortella, Italy); 36u GPL/JS Sira (Ham House, Surrey); 36m GPL (Henk Dijkman); 37o GPL (Ron Sutherland); 38o GPL (Howard Rice); 40 EWA; 41 GPL (Clay Perry); 42m EWA; 44 GPL/Brigitte Thomas (Villandry, France); 45o GPL/John Glover (Hadspen House, Somerset); 45m GPL/John Glover (Preen Manor, Shropshire); 45 Houses & Interiors (Mark Bolton); 46ul GPL (Claire Davies); 48 EWA; 49 EWA; 50o EWA; 50m GPL (Roger Hyam); 50u EWA; 51o GPL (Roger Hyam); 51m EWA; 51u EWA; 52ol EWA; 52ul Houses & Interiors (Steve Sparrow); 52r EWA; 53o EWA; 53u EWA; 54o EWA; 54u EWA; 55 EWA; 56 EWA; 57 GPL (John Glover); 58o Houses & Interiors (Sandra Ireland); 59o EWA; 61m EWA; 61um EWA (The Water Gardens, Kingston Hill); 65 EWA; 66om Garden & Wildlife Matters (Derek Jarman's Garten, Kent); 66u GDS/ John Glover (Derek Jarman's Garten, Kent); 67or Garden Exposures Picture Library (Andrea Jones); 67b GDS/ John Glover (Derek Jarman's Garten, Kent); 68ol Simon Kenny/ Belle/Arcaid (Rottnest Island, Australia/ Design: Larry Eastwood); 68r GPL (Jerry Pavia); 69ur Simon Kenny/Belle/Arcaid (Rottnest Island, Australia/Design: Larry Eastwood); 64 und 68ul (Spike Powell, © copyright Anness Publishing Ltd.); 71 Jonathan Buckley; 72ol 68ol Simon Kenny/ Belle/Arcaid (Design: Garth Barnett); 72ul GPL (Gil Hanly); 72m GPL/Steven Wooster (Chelsea Flower Show, 1999); 73ur GPL (Ron Sutherland); 74ol EWA; 74ml Garden & Wildlife Matters ('Cognoscenti Garden', Hampton Court Flower Show, 1996/ designed von Duncan Heather); 74ul Geoff Lung/Arcaid (Sydney, Australia/Architekt: Luigi Rosselli); 74r Nicholas Kane/Arcaid (Design: Robert Sakula und Cany Ash); 75 GPL/Steven Wooster (Design: Michelle Osborne); 80ul GPL/Ron Sutherland (Design: Anthony Paul); 80m S & O Mathews (Conholt Park); 81or EWA; 82ur GPL (Lamontagne); 83mr GPL (Eric Crichton); 83u EWA; 84u GPL (Howard Rice); 85u Houses & Interiors (Sarah Ireland); 88r EWA; 89o EWA; 91or und 91um Jonathan Buckley (Lyndhurst Square, London/Design: Josephine Pickett-Baker); 91ur Jonathan Buckley (16 Prospect Road, Warwickshire); 94u S & O Mathews; 96 S &O Mathews (Old Place Farm); 103ml Garden & Wildlife Matters (Bankdesign: Gaze Burvill); 112ur Jonathan Buckley; 123o GPL (Juliette Wade); 138l siehe trannie 5; 144l GPL (Michael Howes); 144u EWA; 145o GPL (John Glover); 148or GPL (Ron Sutherland); 148ur EWA

OBJEKT-DESIGNER

Rosie Brister, Speckled Hen Cottage, 27 Chapel Street, Stoke-by-Clare, Tel: +44 (0)1787 278932
Schweinchen aus Weide und Hasel (S.126–129) und Weidenobelisk (S.98–101)

George Carter, Silverstone Farm, North Elmham, Norfolk NR20 5EX, Tel: +44 (0)1362 668130
Metallbeschlagener Pflanzkübel (S.118–121)

Ivan Hicks, Garden House, Stanstead Park Rowland's Castle, Hampshire PO9 6DX
Tel: +44 (0)1705 413149
Wolkenstrauch (S. 140–143)

John Libert, End Cottage, 66 Old Road Wateringbury
Tel: +44 (0)1622 820595
Mobile aus Metall (S. 134-137)

Ben Pike, Round Trees, Smallway Congresbury, North Somerset BS49 6AA
Tel: +44 (0)1934 876355
Brunnenplastik aus Edelstahl (S. 152–153)

Mary Rawlinson, 1 Bower Gardens Salisbury, Wiltshire SP1 2RL
Tel: +44 (0)1722 321745
Baumbank (S. 106–107)

Tabby Riley, 15 Dumont Road, London N16 ONR
Tel: +44 (0)171 241 6629
Bemalte Tontöpfe (S.116–117) und Mosaiktisch (S.108–111)
(S. 108–111)